W0182417

Kuchen und Torten
aus bäuerlichen Backstuben

Kuchen und Torten

aus bäuerlichen Backstuben

AVA
VERLAG ALLGÄU

Herausgeber & Verlag:
AVA Verlag Allgäu GmbH
Postfach 3153 - 87440 Kempten/Allgäu
Telefon: 0831 / 57142-0 - Fax: 79008

Redaktion, Gestaltung, Titelfoto:
Maria Anna Weixler-Schürger

Titelgestaltung:
Peter Langhammer

Satz & Lithografie:
AVA Verlag Allgäu GmbH
Postfach 3153 - 87440 Kempten/Allgäu

Druck & Herstellung:
KKW-Druck GmbH
Heisinger Straße 17 - 87437 Kempten/Allgäu

ISBN-Nummer:
ISBN 3 924809-33-X

Vorwort

Kochbücher gibt es wahrlich viele – und Backbücher ebenso. Dieses aber ist ein ganz Besonderes, weil es von besonderen Frauen geschrieben wurde, von Bäuerinnen und Landfrauen aus dem Allgäu, die uns dazu ihre besten und erprobtesten Rezepte verrieten: Alte Familienrezepte und die eigenen Lieblingsrezepte, Rezepte, die garantiert gelingen und schnell gehen, solche, die die Kinder oder der Ehemann besonders lieben, Rezepte, die die „Renner" beim letzten Dorffest waren, oder ganz einfach toll aussehen auf der heimischen Kaffeetafel.

Das Schönste daran: Unsere Kuchenbäckerinnen haben ihre Kreationen auch fotografiert, damit man sich das zu schaffende Werk noch besser vorstellen kann. Wenn dabei das eine oder andere Foto nicht ganz so professionell wirkt wie im Hochglanzmagazin, so liegt dies freilich schlicht und einfach daran, daß es sich eben nicht um irgendwelche Kunstprodukte handelt, sondern um Kuchen und Torten, die wirklich machbar sind, und direkt aus den bäuerlichen Backstuben stammen.

Gemeinsam ist allen in diesem Buch vorgestellten Kuchen und Torten der Grundstoff Milch. Ob als Butter, Sahne, Joghurt, Kefir, Quark, Schmand, Crème fraîche oder Mascarpone – so vielseitig wie Milch und Milchprodukte sein können, sind auch die angegebenen Rezepte. Und wenn die Bäckerinnen für ein und denselben Kuchen verschiedene Varianten kannten, wollten wir Ihnen diese auch nicht vorenthalten – denn: Geschmäcker sind bekanntlich verschieden.

So wünsche ich Ihnen viel Freude am Entdecken und Nachbacken.
Auf gutes Gelingen,

Ihre

Inhalt

Joghurt- und Quarkkuchen

Sahne-Torten

Grundrezepte

Mürbeteig:

1 Ei
150 g Butter
125 g Zucker
500 g Mehl
1 Prise Salz
1/2 Päckchen Vanillinzucker
3 g Hirschhornsalz (oder Backpulver)
etwas Zitronenschale

Zutaten am besten von Hand zu einem glatten Teig kneten. Vor dem Backen mindestens eine Stunde ruhen lassen. Bei ca. 180 °C backen.

Biskuitteig:

6 Eier
150 g Zucker
150 g Mehl
Backpulver

Eier und Zucker schaumig rühren.
Mehl und Backpulver mischen und vorsichtig unterheben.
In gefettete und mit Mehl (auch Grieß oder Paniermehl)ausgestreute Form geben.
Sofort verbacken im vorgeheizten Ofen bei ca. 210 °C (Ofen nicht vorzeitig öffnen).

Rührteig:

4 Eier
250 g Butter
200 g Zucker
500 g Mehl
125 ml Milch
eine Prise Salz
Backpulver

Eier, Butter und Zucker rühren bis glatte Masse entstanden ist; dann Mehl, Backpulver, MIlch und Salz unterheben.
Evtl. mit Nüssen oder Kakao mischen.
Sofort verbacken bei ca. 170 °C.

Brandteig:

3 Eier
30 g Butter
125 ml Milch od. Wasser
75 g Mehl
1 Prise Salz

Milch, Butter und Salz in einen Kochtopf geben, aufkochen, von der Platte nehmen und Mehl hinzufügen, unterrühren, und sofort wieder auf die noch heiße Platte stellen, weiterrühen, bis ein zäher Kloß entstanden ist.
Teig in eine Schüssel geben, und dann ein Ei nach dem anderen unterrühren.
Beliebige Formen auf Backpapier spritzen, und im vorheizten Ofen (210 °C) bei ca. 180 °C backen (Ofen zwischendurch nicht öffnen).

Strudelteig:

2 Eigelb
2 Eßlöffel Öl
125 ml warmes Wasser
250 g Mehl
1/2 Teelöffel Salz

Eigelb, Öl, Salz, Mehl und Wasser in der Küchen-Maschine mit Knethaken verarbeiten, bis sich der Teig vom Schüsselrand löst. In zwei Stücke teilen, mit feuchtem Tuch abdecken, eine halbe Stunde gehen lassen.
Mehl ausstreuen, Teig darauf ausrollen, Füllung gleichmäßig dünn verteilen, aufrollen, und auf gefettetem Blech oder Backpapier bei ca. 180°C backen.

Hefeteig:

30 g Hefe
200 ml Milch
50 g Zucker
50 g Butter
500 g Mehl
1 Ei
5 g Salz

Hefe mit 2 Teelöffeln Zucker und 2-3 Eßlöffeln warmer Milch verrühren, gehen lassen, dann Mehl in eine Küchenmaschine geben, Butter, Ei, Salz, Hefemischung sowie restlichen Zucker und – nach und nach – Milch zufügen, und mit Knethaken kneten, bis sich der Teig vom Schüsselrand löst.
Teig anschließend auf eine Arbeitsplatte legen,

mit einem Geschirrtuch bedecken und an warmem Ort ca. 30 Minuten gehen lassen.
Aus der Schüssel nehmen, mit Mehl bestreuen, zu Zopf o. ä.Weiterverarbeiten und am besten gleich backen, bei ca. 180 bis 200°C.

Plunderteig:

30 g Hefe
200 ml Milch
50 g Zucker
50 g Butter
400 g Mehl
1 Ei
5 g Salz
150 g Butter

Zunächst einen Hefeteig herstellen (s.o.) und diesen rund 20 Minuten gehen lassen.
Hefeteig zu einer rechteckigen Fläche ausrollen, dann zimmerwarme, weiche Butter ebenfalls flach rollen (besser mit den Händen drücken), auf die Hälfte des Teiges legen, und mit der anderen Häfte bedecken.
Mit etwas Mehl bestäuben und dünn ausrollen.
Den Teig abermals falten und nochmals rollen (dreimal wiederholen – dazwischen jeweils etwa eine Viertelstunde ruhen lassen). Zu Gebäck formen, evtl. füllen (dazu Ränder mit Eiweiß bestreichen, damit sie zusammen kleben) und auf einem Backpapier bei ca. 200 °C backen.

Joghurt-Quark

Amerikanischer Käsekuchen

Zutaten:
200 g Zwieback oder Butterkeks
125 g Butter
2-3 EL Puderzucker
200 g Frischkäse (Hüttenkäse)
400 g Doppelrahm-Frischkäse
100 g Crème fraîche
2 EL Zucker
abgeriebene Schale einer Zitrone
250 g Erdbeeren
Zitronenmelisse

Frischkäse abtropfen lassen. Zwieback verkleinern. Butter und Puderzucker schaumig rühren. Brösel unterrühren. Die Mischung in eine 24 cm große Form geben und gut andrücken. In den Kühlschrank stellen und die Füllung zubereiten.
Frischkäse, Doppelrahm-Frischkäse und Crème fraîche zu einer cremigen Masse verrühren. Mit Zucker und Zitronenschale abschmecken. Frischkäsemischung auf den Tortenboden geben. Mit Erdbeeren und Zitronenmelisse garnieren.

Von Marianne Geiger, Haselbach

Aprikosen-Joghurt-Torte

1 Dose Aprikosen abtropfen, davon 4 halbe Früchte zur Garnitur, 4 halbe Früchte zum Spiegel beiseite legen.
Tortenring um den Biskuit legen und die restlichen Aprikosen auf dem Tortenboden verteilen.
Naturjoghurt, Zucker und Zitronensaft schaumig schlagen. Gelatine einweichen, auflösen und zur Joghurtmasse rühren, wenn diese zu gelieren beginnt. Steif geschlagene Sahne unterziehen und die Masse über die Aprikosen verteilen. Torte im Kühlschrank steifen lassen. Am besten schon am Vorabend.
Spiegel: 4 halbe Früchte mixen und mit Aprikosensaft aus der Dose auf 250 ml auffüllen. 4 Blatt weiße Gelatine einweichen, auflösen, zur Fruchtmasse rühren und die Masse vorsichtig über die steife Joghurtmasse gießen. Ebenso ca. 1 Std. steifen lassen.
Tortenring abnehmen. Den Rand mit Sahne bestreichen. Torte mit Sahne tupfen. Aprikosenspalten und Zitronenmelisse verzieren.

Zutaten:
1 heller Biskuitboden
1 Dose Aprikosen

Joghurtmasse:
500 g Naturjoghurt
150 g Zucker
1 Zitrone
7 Blatt weiße Gelatine
1/2 l Sahne

Von Monika Wesle,
Leutkirch/Schönenbühl

Aprikosen-Mascarpone-Charlotte

Zutaten:
für eine Biskuitroulade:
3 Eier
90 g Zucker
1 P. Vanillezucker
90 g Mehl
1/2 TL Backpulver
ca. 200 g
Aprikosenkonfitüre

für die Füllung:
6 Blatt weiße Gelatine
2 Dosen (à 425 ml)
Aprikosen
500 g Mascarpone
150 g Vollmilchjoghurt
10 EL Eierlikör
100 g Schlagsahne

Biskuitteig herstellen, backen, mit Aprikosenkonfitüre bestreichen. Es werden zwei Rouladen benötigt. Roulade in 18 Scheiben schneiden. Formrand (26 cm) auf eine Tortenplatte setzen. Scheiben an den Rand und auf den Boden legen.
Gelatine einweichen. Aprikosen abtropfen, 175 ml Saft abmessen. Aprikosen bis auf 10 Stücke würfeln.
Mascarpone, Joghurt, Saft und 75 g Zucker verrühren. Gelatine ausdrücken, auflösen, unterrühren. Fruchtwürfel unterheben.
In die Form füllen. Drei Stunden kühlen.
Mit Sahnetuffs und Aprikosen verzieren.

Von Maria Eckel, Buch

Aprikosenkuchen mit Gitter

Zutaten:
Teig:
400 g Mehl
200 g Butter
100 g Zucker
2 Eier
1 TL Rum
5 Tr. Buttervanille
1 Msp. Backpulver

Füllung:
250 g Quark
3 Becher Schmand
120 g Zucker
1 Eigelb
1 P. Vanillepuddingpulver
1 Dose Aprikosen

Aus Mehl, Butter, Zucker, Eier, Rum und Buttervanille einen Mürbeteig herstellen. Auf der Backfolie auswellen und mit einer Motivform ausstechen.
Füllung:
Schmand, Quark, Zucker und Eigelb verrühren, Puddingpulver unterheben. Quarkmasse auf den Boden geben. Aprikosen belegen. Gitter daraufstürzen.
Bei 180° C ca. 45 Minuten backen.

Von Rosmarie Allstätter, Kettershausen/Flüssen

Bananentorte

Zutaten:
Biskuitboden von 3 Eiern
5 Bananen je nach Größe,
Zitronensaft zum
Beträufeln

Füllung:
Schaummasse:
100 g Butter
100 g Zucker

Grundmasse:
200 g Quark
2 EL Rum
1 P. Vanillepudding
von 1/4 l Milch kochen
1 P. Gelatine
2 Becher Sahne schlagen

Pudding kochen, in eine Schüssel geben, kurz abkühlen lasen, mit Quark und Rum glattrühren, die aufgelöste Gelatine unterrühren und stocken lassen.

Butter und Zucker schaumig rühren und löffelweise die Grundmasse zugeben. Geschlagene Sahne unterziehen.

Kuchenboden ganz lassen. Bananen der Länge nach halbieren, mit Zitronensaft beträufeln, Füllung darauf geben, kalt stellen und mit Nußglasur überziehen oder straffieren.

Von Gabi Hörburger, Dietmannsried/Sommersberg

Beeren-Quark-Torte

Zutaten:
Biskuit:
4 Eier
125 g Zucker
150 g Mehl

Belag:
500 g Quark
1 Becher Sahne
1/8 l Milch
6 Blatt Gelatine
80 g Zucker
1 P. Vanillezucker
2 P. Tortenguß rot
Johannisbeeren (od. Erdbeeren, Himbeeren)

Gelatine auflösen, Quark, Milch, Sahne, Zucker und Vanillezucker verrühren, Gelatine zugeben.

Einen Ring um den Boden geben, Quarkmasse einfüllen. Kuchen im Kühlschrank fest werden lassen.

Tortenguß zubereiten und ca. 3 EL dünn auf die Quarkmasse streichen. Mit den Früchten belegen, restlichen Tortenguß darüber gießen. Torten nochmals kalt stellen.

Von Renate Bren, Türkheim

Birnen-Joghurt-Sahne

Zutaten:
2 Eier
4 EL Zucker
4 EL Mehl
4 EL Öl
1 TL Backpulver

Belag:
3 Becher Naturjoghurt 3,5%
100 g Zucker
6 1/2 Blatt Gelatine
1 Becher Sahne

Torte zum Schluß mit Tortenguß überziehen und mit Sahne und geriebener Schokolade verzieren.

Von Barbara Diebolder, Lachen

2 Böden backen (Form 26 cm), davon 1 hell, 1 dunkel (m. Kakao). Jeden Boden 10 - 15 Min. backen (Zutaten sind für 1 Boden angegeben). Nach dem Erkalten mit Aprikosenmarmelade zusammensetzen, den Tortenring außen herum anbringen.

Belag: Naturjoghurt mit Zucker verrühren, Gelatine dazu und geschlagene Sahne unterheben. Von dieser Masse nimmt man 1 große Tasse ab, man gibt etwas Kaba dazu und verrührt dies zu einer dunklen Creme. Diese Masse verteilt man auf dem Kuchen in der Mitte zu einem Ring. Die weiße Joghurtmasse kommt nun auf den äußeren Teil des Kuchenbodens und ganz in die Mitte, und nochmals über den dunklen Ring.

Bevor die Masse ganz steif wird, legt man außen auf den Belag Birnenhälften (etwas andrücken). Das Ganze etwas kalt stellen.

Birnen-Quark-Torte

Zutaten:
125 g Mehl
60 g Butter
50 g Puderzucker
1 Vanillezucker
1 Eigelb

1 Dose Birnen
3 Schnapsgläser
Birnengeist
500 g Quark
125 g Zucker
Saft einer Zitrone
6 Blatt Gelatine

1/2 l Sahne
2 EL Zucker
1 P. Krokant

Einen Mürbeteig herstellen, kalt stellen. Bei 200° C ca. 20 Minuten backen.
Birnen abtropfen lassen und mit Birnengeist übergießen. Die Birnen auf den Boden legen.
Etwas Schnaps mit Quark, Zucker und Zitronensaft verrühren. Eingeweichte Gelatine mit Birnensaft auflösen und unter die Quarkmasse rühren, auf Birnen streichen. Sahne mit Zucker steif schlagen und Krokant dazurühren, über die Torte streichen. Mit Sahne garnieren.

Von Susi Leising, Dietmannsried/Sandbühl

Birnen-Quark-Torte

Zutaten:
85 g Butter
65 g gesiebten Puderzucker
1 Eigelb
1 EL Milch
190 g Mehl

Füllung:
1 Dose Birnen
4 cl Birnengeist
12 Blatt Gelatine weiß
4 EL Birnensaft
500 g Sahnequark
230 g Zucker
Saft von Zitronen

Garnieren:
3/8 l Sahne
2-3 EL Zucker
Schokospäne

Butter mit Puderzucker, Eigelb und Milch verkneten. Mehl darübersieben, alles rasch zu einem Teig verarbeiten und kalt stellen. Boden einer Springform von 26 cm einfetten. Teig rund ausrollen. Boden und Rand damit auslegen. Backzeit 30 Minuten.
Birnen abtropfen lassen, den Saft auffangen. Die Birnen mit dem Birnengeist marinieren. Gelatine einweichen, mit 4 EL Birnensaft auflösen. Quark und Zucker, Zitronensaft und Birnengeist verrühren. Etwas Quarkmasse auf den kalten Boden, die Birnen einschichten, die restliche Masse darauf und kalt stellen.
Mit Sahnetupfern verzieren.

Von Rosmarie Allstätter, Kettershausen/Flüssen.

Dresdner Eierschecke

Zutaten:
Mürbeteig:
200 g Mehl
1/2 P. Backpulver
100 g Fett
80 g Zucker
1 Ei
etwas Milch

Quarkmasse:
2 Eigelb
1/2 P. Vanillepudding fertig gekocht
Zucker nach Belieben
500 g Quark
1 EL Stärke

Schecke:
2 Eigelb
100 g Zucker
100 g Butter, schaumig rühren

1/2 P. Vanillepudding fertig gekocht
4 Eiweiß

1/2 P. Vanillepudding fertig gekocht, zum Schluß die 4 Eiweiß geschlagen unterziehen. Zuerst den Mürbeteig in eine 28-cm-Springform (Boden u. Rand) geben, dann die Quarkmasse und zuletzt die Scheckenmasse in die Springform geben und bei 180 bis 200° C ca. eine Stunde langsam backen.

Von Monika Schweighart, Kißlegg/Immenried

Erdbeer-Joghurt-Torte

Zutaten:
Boden:
Biskuit von 3 Eiern herstellen!

Belag:
1 kg Erdbeeren
3 B. Joghurt
100 g Puderzucker
9 Blatt Gelatine
1/2 l Sahne
3 Blatt Gelatine
1 TL Puderzucker

Biskuitboden mit einem Tortenring umstellen und mit kleineren Erdbeeren belegen. Restliche Erdbeeren pürieren. Die 9 Blatt Gelatine in kaltem Wasser einweichen. 2/3 des Erdbeerpürees mit Joghurt, Puderzucker und etwas Zitronensaft glattrühren. Mit Gelatine steifen und geschlagene Sahne unterheben.

Diese Creme über die Erdbeeren geben, glatt verstreichen und Torte ca. 2 Stunden kalt stellen. Das restliche Erdbeerpüree evtl. durch ein Sieb streichen, mit 1 TL Puderzucker verrühren und mit 3 Blatt Gelatine steifen. Über die Torte geben und im Kühlschrank fest werden lassen.

Von Christa Pfanner, Scheidegg/Scheffau

Erdbeer-Käsesahne-Torte

Zutaten:
Füllung:
1/2 l Milch
200 g Zucker
1 Pr. Salz
4 Eigelb
750 g Sahnequark
1 Zitrone
2 P. Gelatine
1/2 l Sahne
500 g Erdbeeren

Biskuitboden:
2 Eigelb
2-3 EL lauwarmes Wasser
100 g Zucker
1 P. Vanillezucker
75 g Mehl
50 g Gustin
3 TL Backpulver

Milch und Zucker und Salz aufkochen, vom Herd nehmen, Eigelb einschlagen. Sahnequark, Saft und Schale von der Zitrone, der Eimilch und aufgelöste weiße Gelatine zusammen vermischen.
Sahne steif schlagen, die Hälfte mit den Erdbeeren unter die Creme mischen.
Biskuitboden herstellen, erkalten lassen. Den kalten Boden in eine Springform legen, mit Johannisbeermarmelade bestreichen, Käsecreme (mit Erdbeeren) darübergeben.
2-3 Stunden kalt stellen!
Mit der restlichen Sahne garnieren, evtl. mit den übrigen Erdbeeren belegen.

„Sehr erfrischend!"

Von Centa Schmuck, Buchenberg/Weinharz

Erdbeer-Quark-Torte

Zutaten:
Für den Teig:
2 Eiweiß
2 EL Wasser
125 g Zucker
1 Vanillezucker
150 g Mehl
1 TL Backpulver

Für den Belag:
750 g Quark (20 %)
150 g Zucker
1 P. Vanillezucker
Saft und Schale von einer Zitrone
375 g pürierte Erdbeeren
9 Blatt weiße Gelatine
1/2 l Sahne

Für die Verzierung:
12 kleine oder 6 große halbierte Erdbeeren
1/2 l Sahne
1 P. Sahnesteif
1 P. Vanillezucker

Von Rosemarie Breyer, Durach/Furtenbach

Eiweiß mit Wasser sehr steif schlagen, Zucker und Vanillezucker unterrühren, Mehl und Backpulver unterheben, in eine gefettete Springform füllen, bei 175° C ca. 30 Min. backen. Quark mit Zucker, Vanillezucker, Saft und Schale von einer Zitrone und pürierten Erdbeeren cremig rühren. Gelatine in kaltem Wasser 10 Minuten einweichen, ausdrücken, bei geringer Hitze auflösen und unter die Erdbeer-Quark-Masse rühren. Sahne steif schlagen, ebenfalls unter die Quarkmasse heben, Tortenring anbringen, Erdbeer-Quark-Masse einfüllen und einige Stunden im Kühlschrank kalt stellen.
Für die Verzierung Sahne mit Sahnesteif und Vanillezucker steif schlagen, Torte mit Sahnetupfen und Erdbeeren verzieren.

Faule-Weiber-Kuchen

Zutaten:
Teig:
200 g Mehl
75 g Zucker
1 Ei
75 g Margarine
1 TL Backpulver

Füllung:
500 g Quark
2 Eier
140 g Zucker
1 P. Vanillepudding
1/2 B. Rahm
1/2 Tasse Öl
1 1/2 Tassen Milch

Belag:
Mandarinen oder Obst
1 P. Tortenguß klar

Aus den Zutaten einen Mürbeteig herstellen, ausrollen und Boden und Rand einer Springform damit auslegen.
Quark mit den Zutaten verrühren (wird sehr dünn) und die Masse in die ausgelegte Springform gießen.
Backzeit: 1 Stunde bei 180° C.

Von Monika Seywald, Röthenbach/Brettwey

Faule-Weiber-Kuchen mit Rhabarber

Zutaten:
200 g Mehl
75 g Zucker
1 Ei
75 g Margarine
1 TL Backpulver

Belag:
500 g Quark
2 Eier
140 g Zucker
1 Päckchen Vanillepudding
1/2 Becher Sauerrahm
1/2 Tasse Öl
1 1/2 Tassen Milch
1 Dose Mandarinen oder Rhabarber
1 Päckchen Tortenguß

Aus Mehl, Zucker, Ei, Margarine und Backpulver einen Mürbeteig bereiten und in den Kühlschrank legen.
Für den Belag Quark mit Eiern und Zucker verrühren. Vanillepudding, Sauerrahm, Öl und Milch zusammenrühren und unter die Quarkmasse heben.
Mürbeteig ausrollen, Quarkmasse daraufgeben und Obst darauf verteilen.
Bei 180° C ca. 50-60 Minuten backen.
Kuchen auskühlen lassen und mit Tortenguß überziehen.

Von Klara Berkmann, Oberstaufen/Aach

Feine Ananastorte

Zutaten:
Ein Biskuitboden aus:
4 Eier
160 g Zucker
160 g Mehl
1 TL Backpulver

Füllung:
2 Eier
200 g Zucker
500 g Quark
1/2 l Sahne
1/8 l Ananassaft aus der Dose
1 große Dose Ananasringe
12 Blätter Gelatine

Von Elisabeth Bechteler, Oberreute/Irsengrund

Den Biskuit in zwei Teile schneiden und um den unteren Boden einen Tortenring spannen. Die Ananasringe halbieren und um den Tortenbogen aufstellen.

Nun das Eigelb mit Zucker schaumig rühren, die Gelatine einweichen. In die Schaummasse den Quark und den Ananassaft einrühren, die restlichen Ananas zufügen und Gelatine unterrühren, kalt stellen.

In der Zwischenzeit die Sahne schlagen und Eischnee herstellen. Beides in die Masse unterheben, in den Tortenring füllen und den zweiten Tortenboden darauf legen.

Kalt stellen und mit Puderzucker, Sahne und Ananas verzieren.

Feiner Käsekuchen

Zutaten:
Mürbeteig:
250 g Mehl
125 g Butter
75 g Zucker
1 Ei
1 Msp. Backpulver

Für die Form:
Butter und Semmelbrösel
Springform 26-28 cm

Käsemasse:
5 Eier getrennt
100 g Zucker
1 P. Zitro-o. Orange-back
1 Pr. Salz
1 EL Mehl
500 g trockener Quark
oder Schichtkäse
1/2 l heiße Milch
125 g heiße Butter
1 Dose Mandarinen

Mürbeteig herstellen und in die Form legen, Rand ganz hochziehen. Eier trennen und Eiweiß steif schlagen. Eigelb, Zucker, Backaroma, Salz cremig aufschlagen, Mehl und Quark dazugeben. Milch und Butter erhitzen und dazurühren. Den festen Eischnee vorsichtig unterheben. Die Hälfte der Masse auf den Mürbeteig geben, die Mandarinen drauflegen, Rest der Masse darübergeben.
Im Backofen (vorgeheizt) 2. Schiene von unten bei 180° C ca. 55-65 Minuten backen.
Den Kuchen etwas auskühlen lassen und aus der Form nehmen.

Von Monika Vogler, Eisenberg

Schmeckt frisch ganz gut!

Frischkäsetorte

Zutaten:
4 Eier
1 P. Vanillezucker
100 g Mehl
100 g Zucker

Füllung:
200 g Frischkäse (Doppelrahm)
60 g Puderzucker
2 EL Milch
1 B. Sahne
1 P. Sahnesteif
100 g gem. Haselnüsse
600 g Erdbeeren oder Himbeeren
2 B. Sahne
2 P. Vanillezucker
2 P. Sahnesteif
1/2 P. Tortenguß rot

Biskuit herstellen. Tortenring um den Boden legen. Frischkäse, Milch, Puderzucker glattrühren. 1 Becher Sahne mit Sahnesteif schlagen und unterheben. Masse auf Boden streichen. Haselnüsse darüberstreuen. Erdbeeren oder Himbeeren (bis auf 4 St.) darauf verteilen. 2 Becher Sahne mit Sahnesteif und Vanillezucker steif schlagen und auf den Beeren verteilen. Mit Löffel kleine Vertiefungen eindrücken. 1/2 P. Tortenguß zubereiten und in Streifen über Sahne geben. Mit Erdbeerhälften und Zitronenmelisse verzieren. 2-4 Stunden kühlen.

Von Rita Wuchenauer, Aichstetten/Langensteig

„Diese Torte schmeckt im Sommer besonders gut."

Frischkäsetorte mit Sauerkirschen

Zutaten:
250 g Mehl
1 TL Backpulver
65 g Zucker
1 Ei
125 g Butter

400 g Doppelrahm-frischkäse
125 g Puderzucker
1 P. Vanillezucker
1/2 l Sahne
1 Glas Sauerkirschensaft für den Guß aufheben
1 P. roten Tortenguß

Mürbteig herstellen, in eine gefettete Springform geben und im vorgeheizten Backofen bei 200° C 25 Minuten backen.
Für den Belag verrührt man den Frischkäse mit dem Puderzucker und dem Vanillezucker. Anschließend die steif geschlagene Sahne unterheben. Die Hälfte der Creme auf den gebackenen und gut ausgekühlten Tortenboden geben. Danach einen Tortenring umlegen und die abgetropften Kirschen gleichmäßig auf der Creme verteilen. Darüber die restliche Creme streichen.
Zum Schluß wird der Tortenguß noch heiß über die Torte gegeben. Drei Stunden in den Kühlschrank stellen.

Von R. Kunz, Guggenberg-Ottobeuren

Hawaii-Schnitten

Zutaten:
für den Teig:
125 g Margarine
200 g Zucker
1 Ei
300 g Mehl
2 TL Backpulver

für den Belag:
2 kleine Dosen Ananas
1 kleine Dose Mandarinen
500 g Speisequark
2 Eier
1 TL Öl
1 P. Vanillezucker
1 P. Soßenpulver
Vanillegeschmack
150 g Zucker

250 ml Sahne
1 P. Tortenguß

Margarine, Zucker, Ei, Mehl und Backpulver ,alles zusammen in einer Schüssel rasch zu einem Mürbeteig verkneten. Backofen auf 175° C vorheizen.
Für den Belag Ananas und Mandarinen getrennt abtropfen lassen.
Speisequark, Eier, Öl, Vanillezucker, Soßenpulver und Zucker zusammen verrühren.
Sahne extra steif schlagen und unterheben!
Teig auf Backblech ausrollen, Quarkmasse auf Teig streichen. Abgetropftes Obst verteilen.
30 bis 40 Minuten backen.
Auskühlen lassen und 1 P. klaren Tortenguß zubereiten, noch heiß darüber verteilen.

Von Ulrike Schneider, Eisenberg/ Baumgarten

Himbeer-Joghurt-Torte

Zutaten:
Biskuitroulade
1 Päckchen Götterspeise
Himbeergeschmack
1/2 l Wasser
zubereiten
3 Becher Naturjoghurt
2 Becher Sahne

Biskuitroulade backen, mit roter Marmelade füllen, erkaltet in dünne Scheiben schneiden, eine runde Schüssel damit auslegen.
Dann die Füllung herstellen: Ein Päckchen Götterspeise Himbeergeschmack mit 1/2 l Wasser (anstatt 1 l) zubereiten, Naturjoghurt und geschlagene Sahne unter die abgekühlte Götterspeise rühren, etliche ganze Himbeeren unterheben.
Die Creme in die Schüssel geben, mit restlichen Biskuitscheiben bedecken. Über Nacht kalt stellen, vor Gebrauch stürzen!

„Die Creme habe ich selbst erfunden.
Sie ist herrlich erfrischend."

Von Margit Angerhofer, Oberreimenau/Bernbeuren

Himbeertorte mit Geist

Zutaten:
4 Eier
120 g Zucker
1 P. Vanillezucker
120 g Mehl
1 TL Backpulver
Springform

Füllung:
1/2 l Milch
150 g Zucker
4 Eigelb
8 Blätter Gelatine
500 g cremiger Joghurt
250 g Himbeeren
2 cl Himbeergeist
3/8 l Sahne
Saft einer Zitrone

Zum Garnieren:
1/2 l Sahne
50 g gehobelte Mandeln

„Kann gut einen Tag vorher zubereitet werden."

Von Hildegard Kolb, Heimenkirch/Mapprechts

Biskuit herstellen, 1 x durchschneiden. 1 Boden mit Tortenring umstellen. Milch mit Zucker und Eigelb aufkochen, eingeweichte Gelatine darin auflösen und Joghurt unterrühren. Die Masse teilen, Himbeeren pürieren und Himbeergeist unter einen Teil der Creme rühren. Sahne steif schlagen und vor dem Stocken der Creme die Hälfte unterheben und auf den Boden verteilen. Im Kühlschrank erstarren lassen.

Inzwischen unter den anderen Teil der Creme Zitronensaft und restliche Sahne heben. Auf die etwas festgewordene Himbeercreme streichen. Wieder kühlen, Rand entfernen, mit Sahne bestreichen. Mit Sahnetupfen und den Mandeln sowie mit Himbeeren verzieren.

Joghurt-Pfirsich-Torte

Zutaten:
1 halber Tortenboden
500 g Joghurt weiß
1/2 l Sahne
6 Blatt Gelatine
100 g Zucker
Zitronensaft
1 Dose Pfirsich
2 Blatt Gelatine
Zucker
Sahne zum Verzieren

Gelatine einweichen, Joghurt mit Zucker und Zitronensaft verrühren, aufgelöste Gelatine und steif geschlagene Sahne unterheben.
Tortenboden mit Pfirsichen belegen, 3 halbe Pfirsiche zur Seite legen, Joghurtmasse auf den Kuchen geben (Tortenring), glattstreichen und im Kühlschrank festwerden lassen.
Pfirsiche pürieren, mit 2 Blatt aufgelöster Gelatine und etwas Zucker verrühren, auf die Joghurtmasse verteilen und mit Sahne verzieren.

Von Cilli Herb, Stöttwang/Thalhofen

Joghurttorte mit Mandarinen

Zutaten:
2 Eier getrennt
2 EL kaltes Wasser
80 g Zucker
75 g Weizenmehl
50 g Speisestärke
1 gestr. TL Backpulver
450 g Magerjoghurt
100 g Zucker
1 Vanillezucker
6 Blatt Gelatine
400 g Sahne
1 Dose Mandarinen

Eiweiß und Wasser steif schlagen, Zucker zufügen, dickschaumig aufschlagen. Eigelb, Stärke und Mehl und Backpulver unterheben. In einer Springform bei 200° C 15 Min. backen, abkühlen lassen.

Joghurt und Zucker verrühren, aufgelöste Gelatine unterrühren und kalt stellen. Nach 30 Minuten 200 g steife Sahne und Mandarinen unterheben. Auf dem Boden glattstreichen, kalt stellen.

Springformrand lösen und mit restlicher Sahne und Mandarinen verzieren, fertig!

Von Christine Rauh, Memmingen

Joghurttorte mit Beeren

Zutaten:
Biskuitboden
Belag:
1 kg Naturjoghurt
12 Blatt Gelatine
1 P. Zitro-back
1 Becher Sahne
Pfirsich, Brombeere,
Mandarinen o.a.

Joghurt, Zitro-back, Obst und Sahne zusammen rühren und Masse auf Boden mit Springrand geben. Auskühlen lassen.
Oben Guß mit Multisaft 1/2 l und 1 P. Tortenguß verteilen, wenn Brombeeren oder Kirschen verwendet werden, roten Guß darauf.

Von Andrea Schmid, Oberschönegg

Joghurttorte mit Himbeeren

Zutaten:
2 Eier
75 g Zucker
75 g Mehl
1 Msp. Backpulver

Für die Füllung:
1 P. Himbeeren
3 Eier
9 Blatt Gelatine
150 g Zucker
3 Becher Vollmilchjoghurt (150 g)
Saft von 2 Zitronen
4 Kiwis

Eier und Zucker schaumig rühren. Mehl und Backpulver unterheben. Teig in Springform, die mit Backpapier ausgelegt ist, füllen und bei 180° C 15 Minuten backen.

Die Himbeeren auftauen lassen. Für die Füllung die Eier trennen. Die Gelatine in kaltem Wasser einweichen. Das Eigelb mit dem Zucker schaumig rühren. Den Joghurt, Zitronensaft und aufgelöste Gelatine und 2/3 der Himbeeren unter die Masse rühren und kalt stellen. Sobald die Creme anfängt, fest zu werden, das Eiweiß steif schlagen und unterziehen. Die Masse auf dem ausgekühlten Biskuitboden verteilen. Mit den restlichen Himbeeren und den Kiwis garnieren. Die Torte für etwa 2 Stunden im Kühlschrank fest werden lassen.

Von Marlies Haggenmüller, Muthmannshofen-Oberegg

Johannisbeer-Quark-Torte

Zutaten:
Rührteig:
150 g Sanella
150 g Zucker
1 P. Vanillezucker
1 Pr. Salz
etw. Zitrone
3 Eier
150 g Mehl
1/2 TL Backpulver

Füllung:
400 g Johannisbeeren (frisch oder tiefgekühlt)
1 kg Magerquark
225 g Zucker (od. Süßstoff)
1 P. Vanillezucker
etw. Zitrone
1/8 l Johannisbeersaft od. Zitronensaft
12 Blatt weiße Gelatine
4 Blatt rote Gelatine
375 g Schlagsahne
3 EL Kirschwasser

Zum Garnieren:
Johannisbeerträubchen
Blättchen von Zitronenmelisse

Zubereitung: Aus den Zutaten einen Rührteig bereiten und in eine gefettete Springform füllen. Etwa 40 Minuten bei 175° C backen.
Füllung: Die aufgetauten Beeren (od. frische) pürieren und mit Quark, Zucker sowie Saft verrühren. Die eingeweichte und aufgelöste Gelatine hineingeben. Die geschlagene Sahne unter die Masse heben.
Den Rührteigkuchen 1x durchschneiden und jeden Boden mit Kirschwasser beträufeln. Die Hälfte der Quarkbeerenmasse als Füllung verwenden, den 2. Boden darauf legen und den Rest der Quarkmasse darauf verteilen und glattstreichen. Im Kühlschrank erstarren lassen. Danach den Kuchenrand lösen und die Torte beliebig mit Sahne und Beeren verzieren.
Diese Torte schmeckt an heißen Tagen besonders erfrischend.

Kaffeetafel bei Monika Fluhr, in der Mitte die Johannisbeer-Quark-Torte

Tip: Dieser Kuchen kann auch mit Erdbeeren oder Himbeeren gemacht werden!
Und: Wenn Süßstoff oder Fruchtzucker verwendet wird, für Diabetiker geeignet!

Von Monika Fluhr, Haidgau/Kramers

Johannisbeertorte

Zutaten:
Biskuitboden:
2 Eier
2 EL Wasser
100 g Zucker
1 P. Vanillezucker
1 TL Backpulver
125 g Mehl

Johannisbeercreme:
1/2 l Johannisbeermark bzw. -saft
500 g Quark
2 B. Erdbeerjoghurt
300 g Zucker
7 Blatt weiße und 4 Blatt rote Gelatine
1 Becher Sahne

Guß:
1/2 l Johannisbeermark bzw. -saft
1 P. roter Tortenguß

Aus den angegebenen Zutaten einen Biskuitteig zubereiten, bei ca. 180° C 20 Min. backen und auskühlen lassen. Für die Füllung weiße und rote Gelatine einweichen. Anschließend das Johannisbeermark bzw. -saft mit Quark, Zucker, Erdbeerjoghurt gut verrühren und die aufgelöste Gelatine unterziehen. Die Masse im Kühlschrank gelieren lassen. Sahne schlagen und unter die Creme heben.
Dann Biskuitboden mit Tortenring umgeben, Johannisbeercreme einfüllen, glattstreichen und nochmals kalt stellen. Mit dem Johannisbeermark bzw. -saft einen Guß zubereiten, auf der Creme verteilen und festigen lassen.

„Tip: Diese Torte schmeckt im Sommer gut gekühlt am besten!"

Von Amanda Haug, Legan/Hofstatt

Käsekuchen mit Guß

Zutaten:
250-300 g Mehl
125-150 g Margarine
65-75 g Zucker
1 Ei
evtl. 1 EL Milch
1 Pr. Salz
1 Msp. Backpulver

500 g Quark
1/2 l Milch
1 Vanillezucker
1 Vanillepuddingpulver
1 Ei
125 g Zucker
1 Tasse Öl (nicht zu groß)
1-2 kl. Dosen Mandarinen

1 Tortenguß klar
Mandarinensaft

Aus den erstgenannten Zutaten einen Mürbeteig herstellen, kalt ruhen lassen. Gleichmäßig auswellen, in leicht gefettete Form geben mit etwa 3 cm hohem Teigrand. Backofen auf 200° C vorheizen (schräge Springform 28-30 cm).

Die zweitgenannten Zutaten gut vermischen – nicht zu lange rühren, einfüllen, die abgetropften Mandarinenschnitzchen darauf verteilen. Auf Unterschiene einschieben, der Kuchen soll oben hell backen. Backzeit etwa 1 Stunde.

Aus der Form nehmen, noch heiß den mit Mandarinensaft aufgelösten Tortenguß darauf verteilen.

Kann erkaltet mit Schlagsahne verziert werden.

Andere Variante: Den Kuchen so zubereiten wie beschrieben, jedoch ohne Mandarinen backen. Den ausgekühlten Käsekuchen mit Erdbeeren oder Himbeeren belegen, Tortenguß darüber geben und mit Sahne verzieren.

Von Franziska Diebolder, Lachen

Käsesahnetorte

Zutaten:
Fertiger Biskuitboden
500 g Quark
120 g Zucker
1 Vanillezucker
4 Eigelb
1/2 l Milch
12 Blatt weiße Gelatine
Saft und Schale einer halben Zitrone
Sahnesteif
1/2 l Sahne
Obst

Gelatine in kaltem Wasser ca. 10 Minuten einweichen, Milch, Eigelb und Zucker aufkochen lassen und in der heißen, nicht mehr kochenden Milch die ausgedrückte Gelatine auflösen, abkühlen lassen. Beginnt die Masse langsam dicklich zu werden, den Quark und die Geschmackszutaten (=Zitrone) unterrühren. Kalt stellen. Um den Biskuitboden einen Tortenring legen und etwas Sahnesteif einstreuen (wegen Durchweichen des Bodens). Obst aus der Dose auf den Boden legen. Wenn die Quarkmasse „Straßen zieht", die geschlagene Sahne darunterheben. Danach Masse auf dem Biskuitboden verteilen und glattstreichen. Etwa 2 Stunden kalt stellen, mit restlichem Obst verzieren.

„Das Kaffeefest kann beginnen!"

Von Ursula Hofer, Kißlegg-Immenried, Kramerhof

Käsekuchen

Zutaten:
Mürbeteig:
65 g Butter
65 g Zucker
1 Ei
200 g Mehl
1 TL Backpulver

Quarkmasse:
750 g Quark
200 g Zucker
1 P. Vanillezucker
1 P. Vanillepuddingpulver
1/2 Tasse Öl
2 Eigelb
knapp 1/2 l Milch

Mürbeteig zubereiten und in die vorbereitete Form (ø 26 cm) geben.
Quarkmasse der Reihenfolge nach zusammenrühren und auf den Mürbeteig geben und backen: 1 Stunde bei 175° C.
2 Eiweiß mit 2 EL Zucker steif schlagen und auf den Kuchen streichen, nochmals 10-15 Minuten backen, bis er eine schöne Farbe hat.

Von Rosmarie Brandmaier, Hörmatzen/Seeg

Kirsch-Baiser-Torte

Zutaten:
Boden:
1 Ei
75 g Zucker
1 P. Vanillezucker
150 g Mehl
1/2 Backpulver

Deckel:
65 g Butter
50 g Zucker
2 Eigelb
65 g Mehl
1/2 Backpulver
2 Eiweiß
100 g Zucker
50 g blättrige Mandeln

Füllung:
1/2 l Kirschsaft
1 Tortenguß
1 Glas Kirschen
2 Becher Sahne
2 Becher Sauerrahm
100 g Zucker
Saft einer Zitrone
6 Bl. Gelatine

Als Boden einen Knetteig herstellen, in Form auswellen und bei 220° C 12 Min. backen.
Für den Deckel ebenfalls einen Knetteig herstellen, in Form auswellen.
Eiweiß steif schlagen, Zucker und Mandeln zugeben und auf den Knetteig streichen, bei 200° C 20 Min. backen.
Noch warm in 16 Stücke schneiden.
Für die Füllung Kirschsaft mit Tortenguß aufkochen, Glas Kirschen zugeben. Sahne schlagen, Sauerrahm, Zucker, Saft einer Zitrone und 6 Bl. Gelatine zugeben und unterrühren.
Tortenring um den Boden legen, Sauerrahmmasse auf die Kirschen streichen und die Deckelstücke dazulegen.

Von Stefanie Krenzer, Altusried

Kirsch-Joghurt-Torte

Zutaten:
Biskuitboden

Belag:
8 Blatt weiße Gelatine
1 Glas Kirschen
750 g Vollmilchjoghurt
Zitronenschalen gerieben
400 g Sahne
Zucker nach Belieben
200 g Kirschkonfitüre
100 g Löffelbiskuits
1 P. roter Tortenguß

Biskuitboden herstellen (aus 4 Eiern, Durchmesser 28 cm).
Tortenring um den ausgekühlten Biskuit legen. Gelatine einweichen, Kirschen abtropfen lassen. Saft auffangen, Joghurt und Zitronenschalen verrühren. Gelatine auflösen und unter den Joghurt rühren. Kühlen bis der Joghurt leicht geliert, 400 g Sahne steif schlagen und unterheben. Zucker nach Belieben. Konfitüre erwärmen, Kirschen unterheben.
Hälfte Joghurt, Konfitüre, Löffelbiskuits und Rest Joghurt auf den Boden schichten.
2 Stunden kühlen. Tortenguß mit Saft zubereiten und auf der Torte verteilen.

Von Marianne Rottach, Durach

Kirsch-Schmand-Kuchen

Zutaten:
Teig:
80 g Butter
75 g Zucker
1 Ei
200 g Mehl
1/2 TL Backpulver

1 Glas Kirschen
1 P. Vanillepudding

Schmandmasse:
2 Becher Schmand
1 Becher Sahne
1 Ei
1 P. Vanillepudding

Den fertigen Mürbeteig kalt stellen.
Kirschen mit Vanillepudding kochen, wenn die Masse erkaltet ist, auf den Mürbeteig verteilen.
Die Schmandmasse mit dem Rührgerät gut verrühren und auf die Kirschmasse geben.
Bei 180° C ca. 50-55 Min. backen.

Von Cornelia Riedmaier, Winterrieden und Daniela Beyer, Sulzberg

Kirschtorte

Zutaten:
Biskuit:
2 Eier
100 g Zucker
100 g Mehl
1/2 TL Backpulver

Füllung:
3 Becher Sahne steif schlagen
250 g Quark mit
50 g Zucker und
1 P. Vanillezucker verrühren
10-12 Bl. Gelantine
100 g Nougatschokolade

Belag:
1 Glas Sauerkirschen
1 P. Tortenguß rot

Biskuit erkaltet auf eine Tortenplatte legen, Tortenring um den Boden stellen.
Sahne steif schlagen, Quark mit Zucker und Vanillezucker verrühren, Gelatine unterrühren und Sahne unterziehen.
Die Hälfte der Quarkmasse auf den Boden streichen. Aufgelöste Nougatschokolade in die restliche Quarkmasse rühren, vorsichtig darüber streichen. 3 Std. kalt stellen.
Sauerkirschen abtropfen lassen. Tortenguß rot mit Kirschsaft nach Anleitung zubereiten. Kirschen unterrühren, auf der Torte verteilen, noch mal kühl stellen.

Von Rita Weidhofer, Warmisried

Mandarinen-Käse-Kuchen

Zutaten:
100 g Margarine oder Butter
200 g Zucker
375 g Mehl
2 TL Backpulver

Füllung:
1 kg Quark
170 g Öl
200 g Saure Sahne
1/2 l Milch
2 P. Soßenpulver (Vanille)
4 Eier
275 g Zucker
2 Dosen Mandarinen,
Tortenguß

Rühr-Knetteig herstellen, auf Backblech streichen (mit Rand) und unten angegebene Füllung darauf geben (etwas flüssig).
Mandarinen reihenförmig auflegen. Bitte bei kleinerem Blech unbedingt halbe Quarkmasse Füllung nur.
Nach dem Backen bitte lauwarmen klaren Tortenguß darauf pinseln. Auf Backblech aufschneiden und herausheben!

„Meine Kinder essen diese Schnitten gerne!"

Von Irmgard Stetter, Memmingen/Volkratshofen

Mandarinen-Schmand-Torte

Zutaten:
für den Teig:
75 g Margarine
150 g Mehl
75 g Zucker
1 TL Backpulver
1 Ei

für die Füllung:
3 Dosen Mandarinen
1/2 l Milch
200 g Zucker
2 P. Vanillepudding
3 Becher (à 200 g) Schmand
1 P. Tortenguß

Fett in Würfel, Mehl, Zucker, Backpulver und Ei verkneten. Mit bemehlten Händen in eine Springform (26 cm) drücken. Dabei ca. 3 cm Rand hochziehen. Teigboden mehrmals einstechen. Mandarinen abtropfen lassen, den Saft dabei auffangen. 3/8 l Milch und Zucker aufkochen. Puddingpulver mit der restlichen Milch glattrühren. In die kochende Milch einrühren, aufkochen lassen. Schmand unterrühren, sofort in die Springform geben und glattstreichen.
Die Mandarinen darauf verteilen, im vorgeheizten Backofen (175° C) ca. 1 Stunde backen. In der Form auskühlen lassen.
1/2 l Mandarinensaft mit dem Tortengußpulver vermischen und unter Rühren aufkochen lassen. Über die Mandarinen verteilen.

Von Heidi Weiß, See/Sulzberg

Mandarinen-Schmand-Kuchen

Zutaten:

Teig:
80 g Margarine
80 g Zucker
1 P. Vanillezucker
1 Ei
200 g Mehl
1/2 P. Backpulver

Füllung:
3 Becher Schmand
1/2 l Milch
200 g Zucker
2 P. Vanillepudding
2 kleine Dosen Mandarinen
1 P. Tortenguß klar
Mandelblättchen

Mürbeteig herstellen. Teig auf einer bemehlten Arbeitsfläche zu einem ca. 31 cm großen Kreis ausrollen und in eine gefettete Springform (26 cm) geben. Den Rand ca. 2,5 cm hoch andrücken. Puddingpulver und 12 EL Milch glattrühren. Zucker und restliche Milch aufkochen lassen. Angerührtes Puddingpulver, in die kochende Milch rühren, nochmals aufkochen und erkalten lassen. Dann den Schmand langsam in den erkalteten Pudding rühren. Die Masse auf den Mürbeteigboden geben. Bei 175° C 1 1/2 Std. backen.
Auf den ausgekühlten Kuchen abgetropfte Mandarinen verteilen. Tortenguß kochen und über die Mandarinen geben. Nach Belieben mit Mandelblättchen bestreuen.

Von Manuela Krug, Ottobeuren/Halbersberg

Mandarinentorte

Zutaten:
Biskuit:
2 Eier
60 g Zucker
90 g Mehl
1 TL Backpulver

Belag:
3 Dosen Mandarinen
5 Becher Schmand à 200 g
1 Paradiescreme Vanille
1 Aranka
1 P. Tortenguß klar

Eier und Zucker schaumig rühren, Mehl und Backpulver unterheben. In eine Springform füllen und bei ca. 180°C ca. 10 bis 15 Minuten backen.
2 Dosen Mandarinen abtropfen lassen, dabei den Saft auffangen. Den Schmand mit der Paradiescreme und dem Päckchen Aranka Mandarine verrühren. Die 3. Dose Mandarinen mit Saft zugeben und gut unterrühren. Die Schmandmasse auf den Biskuit geben und glattstreichen.
Die abgetropften Mandarinen auf der Creme verteilen, mit dem Saft einen Tortenguß zubereiten und auf die Früchte geben. Die Torte im Kühlschrank fest werden lassen.

„Macht nicht viel Arbeit und schmeckt hervorragend."

Von Elfriede Kolb, Heimenkirch/Maпprechts

Mascarpone-Zimt-Torte

Zutaten:
für den Boden:
200 g Löffelbiskuits
100 g weiche Butter

für die Creme:
6 Blatt weiße Gelatine
500 g Mascarpone
500 g Magerquark
2 EL Honig
2 EL gem. Zimt
120 g Zucker
1 Becher Sahne

Biskuits zerbröseln und mit dem Butter zu einem Teig kneten. Springformrand 26 cm auf Platte stellen und Teig gleichmäßig hineindrücken.

Gelatine einweichen, Mascarpone, Quark, Honig, Zimt und Zucker verrühren. Gelatine auflösen und unter die Creme rühren. Steif geschlagene Sahne unterheben und auf dem Tortenboden verteilen. Über Nacht kalt stellen.

Mit Kakao bestäuben und mit Sahne oder Baisers verzieren.

Von Maria Guggemos, Schlitten/Wessobrunn

Milky-Way-Torte

Zutaten:
1/2 l Schlagsahne
8 Riegel Milky Way
100 g
Zartbitterschokolade
2 P. Sahnesteif

für den Biskuitteig:
2 Eier
2 EL heißes Wasser
100 g Zucker
1 p. Vanillezucker
75 g Weizenmehl
50 g Speisestärke
1 TL Backpulver

für den Belag:
1 Dose Pfirsich
3-4 EL Nutella
1 P. Tortenguß klar
1/2 l Pfirsichsaft

für die Joghurtcreme:
1 P. Gelatine weiß gemahlen
4 EL kaltes Wasser
300 g Naturjoghurt
Saft von 1/2 Zitrone
Kakaopulver

Für die Milky-Way-Creme: Sahne mit Milky Ways erwärmen. Schokolade dazu und ebenfalls auflösen. Die Masse in eine Rührschüssel füllen und über Nacht kalt stellen. Am nächsten Tag mit Sahnesteif steif schlagen.
Biskuit bereiten (bei 180° C 20-30 Minuten backen). Tortenboden auf eine Kuchenplatte geben. Boden mit Nutella bestreichen, Pfirsichscheiben verteilen, Tortenguß darauf geben, Joghurtcreme herstellen und darüber verteilen. Die aufgeschlagene Milky-Way-Sahne auf die Joghurtcreme geben. Zum Schluß mit Kakaopulver bestreuen.
Drei Stunden kalt stellen.

Von R. Kunz, Guggenberg-Ottobeuren

Obsttorte mit Joghurtcreme

Zutaten:
Biskuit:
2 Eier ganz oder getrennt
2 EL Wasser
100 g Zucker
Vanillezucker od.
Zitronenschale
100 g Mehl
1 TL Backpulver

Zutaten:
Joghurtcreme:
3 Becher Joghurt
(je 150 g)
90 g Zucker
Saft von 1 Zitrone
2 EL Rum
8 Blatt Gelatine, kalt
eingeweicht
200 g Sahne steif
schlagen

Belag und Guß:
500-750 g vorbereitete
Früchte
1/2 l Fruchtsaft
1 EL Zucker
1 P. Tortenguß

Eiweiß und kaltes Wasser zu steifem Schnee schlagen. Zucker einrieseln lassen und aufschlagen. Verquirlte Eigelbe und Geschmackszutaten unterrühren. Mehl mit Backpulver locker unterheben, backen.
Boden durchschneiden, mit Konfitüre füllen, wieder zusammensetzen. Tortenring um den Rand legen. Joghurt mit Zucker, Zitronensaft, Rum schaumig rühren. Gelatine aufgelöst unterrühren. Sobald die Creme zu stocken beginnt, Sahne unterheben.
Früchte der Saison auf den Kuchen legen. Tortenguß darüber geben.

Von Regina Bäckerbauer, Schwabsoien

30
uer
rnblatt
Milchwirtschaft, Tierzucht und Waldbau

Quarkkuchen

Zutaten:

Teig:

65 g Butter
65 g Zucker
200 g Mehl
1 Ei
1 TL Backpulver

Füllung:

750 g Quark
1 P. Vanillezucker
200 g Zucker
1 P. Vanillepudding
1/2 l Milch
1/2 Tasse Öl
1 Ei
2 Eigelb

Butter, Zucker und Ei schaumig rühren. Mehl und Backpulver zufügen. Springform mit dem Teig belegen; ca. 4 cm Rand hochziehen.
Für die Füllung alle Zutaten miteinander verrühren (sehr flüssig) und auf den Teig gießen.
Kuchen 75 Minuten bei 180° C backen.

Von Evi Prinz, Maierhöfen/Riedholz

NIX

Quark-Streusel-Kuchen mit Johannisbeeren

Zutaten:
Boden:
400 g Mehl
1 Backpulver
2 Eier
175 g Margarine
100 g Zucker

Belag:
1/2 l Milch
Vanillepuddingpulver
500 g Quark
etwas Zucker
Johannisbeeren (sehr gut sind auch Sauerkirschen oder Rhabarberstücke)

Streusel:
200 g Mehl
150 g Margarine
150 g Zucker
1 P. Vanillezucker

Aus den Zutaten einen Mürbeteig herstellen, bei Bedarf etwas Milch zugeben, kalt stellen.
Belag: Aus einem halben Liter Milch einen Vanillepudding kochen, erkalten lassen. Quark, etwas Zucker und den erkalteten Pudding miteinander verrühren. Johannisbeeren (oder andere Früchte) vorbereiten.
Streusel zubereiten.
Den Mürbeteig auf ein gefettetes, bemaltes Blech ausrollen, die Quarkmasse darauf streichen, das Obst auf die Quarkmasse geben, darauf die Streusel verteilen.
Bei 75° C ca. eine Stunde backen.

Von Margit Schindele, Rückholz

Falsche Temperatur. 40min 180° erH.

Quarkkuchen mit Früchten

Zutaten:
Teig:
300 g Mehl
1/2 P. Backpulver
150 g Zucker
150 g Margarine
2 Eier

Masse:
150 g Zucker
1 Ei
1000 g Quark
1/8 l Milch
2 P. Vanillepuddingpulver
1 kl. Tasse Öl

Belag:
Früchte nach Wahl (z.B. Pfirsiche, Kirschen o.ä.)
2 P. Tortenguß

Mürbeteig herstellen. Ein Backblech mit Öl bepinseln, den Mürbeteig darauf auswellen. Aus Zucker, einem Ei, Quark, Puddingpulver, Öl und Milch eine Quarkmasse zubereiten. Die Früchte auf die Quarkmasse legen und backen.
Backzeit: ca. 50 Minuten, 175° C.
Nach dem Erkalten des Kuchens Tortenguß anrühren und darübergeben.

Von Margit Hummel, Ottobeuren/Hallersberg

Quarkkuchen mit Mandarinen

Zutaten:
200 g Mehl
100 g Butter
50 g Zucker
1 Ei
1 TL Backpulver

Belag:
500 g Quark
2 Eier
140 g Zucker
1 P. Vanillepudding
1/2 Becher Sauerrahm
1/2 Tasse Öl
1 1/2 Tassen Milch

1 kl. Dose Mandarinen
1 P. klarer Tortenguß

Mürbeteig herstellen.
Für den Quarkbelag alle Zutaten verrühren und daraufgießen, Mandarinen darauf verteilen.
Bei 180° C ca. 50 Minuten backen, abgekühlt mit Tortenguß überziehen.

Von Renate Ramsp, Nassenbeuren

Russischer Streuselkuchen

Zutaten
für den Teig:
250 g Mehl
125 g Butter
125 Zucker
25 g Kakao
1 Ei
1/2 P. Backpulver

für die Füllung:
500 g Quark
125 g Butter
125 g Zucker
3 Eier getrennt
1/2 P. Puddingpulver Vanille
1 P. Vanillezucker
Zitronensaft

Alle Zutaten für den Teig gut vermengen. Eine Hälfte in eine Springform geben, die andere zum Streusel verarbeiten.
Für die Füllung die Zutaten schaumig schlagen. Zuletzt steif geschlagenen Eischnee darunter ziehen.
Füllung auf den Boden in der Springform geben, dann Streusel darüber verteilen.
Bei 200° C etwa 1 Std. backen.

Von Veri Diebolder, Lachen

Sauerrahmtorte

Zutaten:
für Mürbeteig:
125 g Mehl
1/2 TL Backpulver
80 g Butter
40 g Zucker
1 Eigelb
1 TL Zitronensaft

Biskuit:
4 Eier
125 g Zucker
3 EL Wasser
70 g Mehl
55 g Stärke
1/2 TL Backpulver

Füllung:
150 g Sauerrahm
120 g Puderzucker
1/8 l Orangensaft
15 cl Orangenlikör
6 Blatt Gelatine
0,5 l Sahne steif schlagen

4 EL Zucker
2 P. Tortenguß

Mürbeteig herstellen (Anstatt des Mürbeteigbodens kann man auch einen Biskuit von drei Eiern nehmen).
Biskuit herstellen, auf Blech streichen, backen, mit Aprikosenmarmelade bestreichen, einrollen.
Sauerrahm, Puderzucker, Orangensaft, Likör zusammenrühren, Gelatine auflösen und unterziehen. Sahne unterheben. Tortenring um Boden legen, Masse eingießen, fest werden lassen.
Danach Biskuitrolle aufschneiden, Kuchen belegen und aus Orangensaft, Zucker, Tortenguß Guß herstellen und verteilen.

Von Andrea Schmid, Oberschönegg

Sahne-Joghurt-Torte mit Erdbeeren

Zutaten:
1 Tortenboden aus 5 Eiern
2 Becher Sahne
2 Becher Naturjoghurt
etwas Zucker
7 Blatt Gelatine
Erdbeeren o. Himbeeren
Tortenguß rot

1 Tortenboden von 5 Eiern backen. In der Mitte durchschneiden.

2 Becher Sahne steif schlagen, 2 Becher Naturjoghurt dazugeben und Zucker nach Geschmack.

Dann 7 Blatt Gelatine nach Vorschrift lösen und unter die Masse mischen.

Um durchgeschnittenen Boden Ring herum legen und Creme einfüllen. Deckel darauf geben und frische Erdbeeren obendrauf verteilen. Roten Tortenguß herstellen und drüber verteilen, kalt stellen.

Gemütliche Kaffeerunde mit Tante, Onkel und Nichten

Schmeckt sehr gut – und wenn die Erdbeerzeit vorbei ist:
Mit frischen Himbeeren ebenfalls ein Genuß.

Von Hannelore Gebele, Böhen/Berg

Schmand-Kirsch-Kuchen

Zutaten:
Mürbeteig:
80 g Butter
75 g Zucker
1 Ei
200 g Mehl
1/2 TL Backpulver

Masse:
1 Glas Kirschen mit
1 P. Vanillepudding kochen, wenn die Masse erkaltet ist auf den Mürbeteig verteilen.

Schmand:
2 Becher Schmand
1 Becher Sahne
80 g Zucker
1 Ei
1 P. Vanillepudding

Mürbeteig herstellen, in die Form geben. Kirschen mit Vanillepudding kochen, wenn die Masse erkaltet ist, auf den Mürbeteig geben. Alle Zutaten für die Masse mit dem Rührgerät gut verrühren und auf die Kirschmasse geben. Bei 180° C ca. 40-45 Minuten backen.
(Zutaten für eine 28 cm runde Backform)

„Den habe ich für das Trachtenfest in Weitnau gebacken."

Von Sonja Baiz, Weitnau-Ritzenronnenhalb

Schmand-Himbeer-Kuchen

Zutaten:
Für den Teig:
4 Eier
2 P. Vanillezucker
2 Tasse Zucker
1 Tasse Öl (Mazola)
3 1/2 Tassen Mehl
1 P. Backpulver
1 Tasse Mineralwasser oder Zitronenlimonade

Für den Belag:
Himbeeren (oder jedes andere Obst geeignet)
4 Becher süße Sahne
2 Becher Schmand (saure Sahne)
4 P. Sahnesteif

Alles der Reihe nach zu einem schaumigen Teig schlagen. Auf ein Backblech, mit Backpapier ausgelegt, streichen. Backen 175°-200° C ca. 15 bis 20 Minuten lang.
Sahne mit Sahnesteif schlagen, Schmand unterheben. Auf den gebackenen Kuchen das Obst legen, die Sahne-Schmand-Masse darauf streichen und zum Schluß mit Eierlikör und Schokostreusel garnieren.

Von Hannelore Hörmann, Meggenried/Wildpoldsried

Schmandkuchen

Zutaten:
Mürbeteig:
80 g Zucker
75 g Butter
1 Ei
200 g Mehl
1/2 TL Backpulver

Masse:
1 Glas Sauerkirschen
2 P. Vanillepudding
1 Becher Sahne
2 Becher Schmand
80 g Zucker
1 Ei

Mürbeteig herstellen, Backform, 28 cm, damit auslegen und Rand hochziehen.
Sauerkirschen mit 1 P. Vanillepudding andicken und etwas auskühlen lassen. Schmand, Zucker, Ei und 1 P. Vanillepudding miteinander verrühren und die geschlagene Sahne unterheben. Zuerst Kirschmasse auf den Mürbeteig verteilen, und auf die Kirschmasse die Schmandmasse schütten und ein wenig verstreichen. Bei 180° C ca. 40 bis 45 Minuten backen. Gut auskühlen lassen!

„Ein Kuchen vom schönsten Dorf Schwabens"

Von Cornelia Herz,
Görisried/Hasenmahd

Schwarzwälder Kirsch-Käse-Kuchen

Zutaten:

Mürbeteig:
3 EL Kakao
250 g Mehl
1 Ei
125 g Zucker
100 g Butter
2 P. Vanillezucker
1/2 TL Backpulver

Füllung:
2 Gläser entsteinte Sauerkirschen
3 Eier
100 g Zucker
1 P. Vanillezucker
1 Puddingpulver
500 g Quark
1/2 l Sahne

Guß: 2 P. Tortenguß (rot)
1/2 l Sauerkirschsaft

Mürbeteig herstellen! In Form geben, Boden und Rand ganz damit auskleiden. Wichtig!! Den Rand gut hochdrücken. Kalt stellen.
Sauerkirschen abtropfen!
Abgetropfte Kirschen auf Mürbeteig verteilen. Die Eier mit Zucker gut rühren. Vanillepuddingpulver und Quark zugeben. Die Sahne einrühren und eine Schaummasse rühren. Diese Masse über die Kirschen gießen. Im E-Herd bei 175° C ca. 70 Minuten backen. Kuchen in der Form erkalten lassen.
Aus dem Sauerkirschsaft und Tortengußpulver einen Tortenguß zubereiten. Über den kalten Kuchen gießen. Je nach Belieben mit Sahne und Kirschen verzieren.

Von Stefanie Merz, Ermengerst-Wiggensbach

Traubentorte

Zutaten:
für den Teig:
250 g Mehl
1 P. Backpulver
1 P. Vanillezucker
50 g Zucker
3 EL Öl
125 g Magerquark
1 Ei
1 Eiweiß

für die Füllung:
500 g Joghurt
250 g Frischkäse
200 g Sahne
Saft und Schale von einer Zitrone
150 g Zucker
8 Blatt Gelatine
750 g grüne und blaue Weintrauben
Eventuell 100 g Sahne zum Garnieren

Quarkölteig erstellen und eine gefettete Springform (Blüte) damit auskleiden, 25 Minuten backen.
Für die Füllung die Gelatine einweichen. Joghurt, Frischkäse, Zucker, Zitronensaft und Schale verrühren und die aufgelöste Gelatine zugeben. Sahne steif schlagen und unterheben. Die Hälfte der Trauben unterrühren und die Masse in den Tortenboden füllen. Die Torte wird nun mit den restlichen Weintrauben belegt und nach Belieben mit Sahne garniert.

Von Christa Hörburger, Dietmannsried-Sommersberg

Zitronen-Joghurt-Torte mit Rotwein-Guß

Zutaten:
Für den Teig:
100 g Mehl
75 g gem. Mandeln
100 g Butter
50 g Zucker
1 P. Vanillezucker
1 Eigelb
oder 1 Biskuitboden

Für die Creme:
450 g Joghurt
150 g Zucker
1 Pr. Salz
1 Zitronenschale + Saft
10 Bl. Gelatine weiß
600 g Sahne

Für den Guß:
100 ml Rotwein
200 g Johannisbeergelee
1 P. Vanillezucker
4 Bl. Gelatine rot

Mürbeteig kneten – kalt stellen. Teig in gefettete Springform legen – mehrmals einstechen. Bei 200° C ca. 10 Minuten backen.
Zutaten für die Creme verrühren, aufgelöste Gelatine unterrühren, steife Sahne unterheben. Creme auf den Boden füllen und kalt stellen.
Rotwein erwärmen, Gelatine auflösen, Johannisbeergelee einrühren. Auf die erkaltete, feste Creme gießen und nochmals kalt stellen.

Von Regina Altthaler, Kraftisried

Zitronen-Joghurt-Torte

Zutaten:
für den Teig:
100 g Mehl
75 g gemahlene Mandeln
100 g Butter oder Margarine
50 g Zucker
1 P. Vanillezucker
1 Eigelb

Aus Mandeln, Mehl, Fett, Zucker, Vanillezucker und Eigelb einen Mürbeteig zubereiten. 30 Minuten in Folie gewickelt kalt stellen.
Teig in gefetteter Springbodenform mehrmals mit einer Gabel einstechen.
Im vorgeheizten Backofen (E-Herd: 200° C / Gasherd: Stufe 3) ca. 10 Minuten goldbraun backen. Boden abkühlen lassen.

Weiße und rote Gelatineblätter getrennt einweichen. Joghurt, Zucker, Salz, Zitronenschale

für die Creme:
10 Blatt weiße Gelatine
4 Blatt rote Gelatine
3 Becher (à 150 g) Vollmilchjoghurt
150 g Zucker
1 Prise Salz
abgeriebene Schale und Saft von zwei unbehandelten Zitronen
3 Becher (à 200 g) Schlagsahne
200 g rotes Johannisbeergelee
1 P. Vanillezucker
Zitronenscheiben

und -saft verrühren. Weiße Gelatine ausdrücken, auflösen und in die Joghurtcreme rühren. Creme zugedeckt kalt stellen.
Mürbeteigboden auf eine Tortenplatte legen, Springformring um den Boden legen.
Zwei Becher Sahne steif schlagen und unter die leicht gelierende Creme heben. Auf den Boden streichen und ca. 2 Stunden kalt stellen.
Rotwein erwärmen. Gelatine darin auflösen, Gelee einrühren. Kalt stellen. Etwas erkalten lassen und vorsichtig auf die Joghurtcreme gießen. Torte noch 1 Stunde in den Kühlschrank stellen.
Springformring lösen. Restliche Sahne und Vanillezucker steif schlagen. Torte mit Sahne und Zitronenstückchen verzieren.

Von Irmgard Ott, Bad Waldsee/Osterhofen

Sahne-torten

After-Eight-Torte

Zutaten:
6 Eier
175 g Zucker
130 g Mehl
20 g Kakao
1/2 P. Backpulver

3 Becher Sahne
1 P. After Eight (200 g)
3 P. Sahnesteif

Schokobiskuit herstellen (bei 200° C ca. 30-45 Minuten backen), zweimal durchschneiden.
Für die Füllung einen Tag zuvor: Sahne mit After Eight (davon 6 After-Eight-Plättchen abnehmen für Verzierung) in einem Topf schmelzen lassen. Kalt stellen und am nächsten Tag mit 3 P. Sahnesteif steif schlagen. Mit Creme Biskuit füllen und verzieren. 6 After-Eight-Plättchen halbieren und dekorieren.

Schmeckt „pfefferminzig" gut!

Von Sandra Rothärmel, Kimratshofen

Amaretto-Nußkuchen

Zutaten:
200 g Margarine
200 g Zucker
6 Eigelb
100 g Mehl
25 g Stärkemehl
1/2 P. Backpulver
1 Vanillezucker
200 g ger. Nüsse
6 Eiweiß

2 Becher Sahne
etwas Zucker
Sahnesteif

Amarettolikör

Aus Margarine, Zucker, Eigelb, Mehl, Stärkemehl, Backpulver, Vanillezucker und Nüssen einen Rührteig herstellen. Das Eiweiß steif schlagen und unterheben. Bei 175° C ca. eine Stunde backen. Erkalten lassen, mit einem Messer bis auf 1 cm am Rand aushöhlen und das Innere mit den Händen zerbröseln.

Für die Füllung die Sahne mit etwas Zucker und Sahnesteif fest schlagen. Die Sahne mit den Brösel mischen (zuvor einige Brösel zum Garnieren beiseite stellen) und sehr gut mit Amarettolikör abschmecken und wieder in den ausgehöhlten Kuchenboden füllen. Die beiseite gestellten Brösel darüber streuen.

Nach Belieben kann man auch etwas Obst mit einfüllen.

Von Margit Schindele, Rückholz

Ananas-Sahne-Torte

Zutaten:
für den Teig:
5 Eier
5 EL kaltes Wasser
250 g Zucker
1 P. Vanillezucker
200 g Mehl
50 gem. Nüsse
Backpapier für die Springform (26 cm)

Füllung:
1 Dose Ananasringe
4 Becher Sahne à 200 g
2 P. Vanillezucker
5 EL Zucker
3 P. Sahnesteif
2 EL Rum

Verzierung:
ca. 200 g Marzipan
Gelbe und grüne Speisef.

Springform mit Backpapier auslegen. Backofen vorheizen auf 170° C. Biskuitteig herstellen, in die Form geben, auf der unteren Schiene ca. 35 Minuten backen. Auskühlen lassen. Den Kuchenboden in der Mitte halbieren. Den unteren Boden mit Rum und Ananassaft tränken. Die abgetropften Ananas darauf verteilen. Sahne mit Zucker, Vanillezucker und Sahnesteif schlagen und ca. 2/3 auf dem Obst verteilen. Den 2. Boden auflegen und mit der restlichen Sahne bestreichen und garnieren. Das Marzipan halbieren. Eine Hälfte gelb einfärben, die andere Hälfte grün einfärben. Daraus kleine Ananas formen und auf die Torte legen.

Von Petra Huith, Woringen

Ananasbröseltorte

Zutaten:
4 Eiweiß
1 Vanillezucker
4 Eigelb
120 g Zucker
120 g Mehl (davon 1/3 Stärkemehl)
1 TL Backpulver
Daraus einen Biskuit backen

1 Dose Ananas

1 Pck. Tortenguß klar
2 EL Zucker
etwas Zitronensaft

2 Becher Sahne
1 EL Puderzucker

Aus Eiweiß, Vanillezucker, Eigelb, Zucker, Mehl, Backpulver einen Biskuit backen.
Von dem erkalteten Boden den Deckel abschneiden und mit der Hand zerbröseln.
Für den Belag: 1 Dose Ananas in kleine Stücke schneiden (ca. 14 Stücke zum Verzieren aufheben)
Tortenguß, Zucker und Zitronensaft mit dem Ananassaft aus der Dose (ca. 200 ml reicht) vermischen, aufkochen lassen, dann die kleingeschnittenen Ananas zugeben, gut vermischen und nochmals kurz aufkochen lassen.
Sahne steif schlagen, mit Puderzucker süßen. Den Biskuitboden mit Sahne bestreichen, dann die abgekühlte Ananasmasse daraufgeben und diese nochmals mit etwas Sahne bestreichen. Danach die Brösel daraufgeben und gut mit der Hand andrücken. Mit Puderzucker bestreuen und mit Sahne und Ananasstücken verzieren.

Von Marianne Angerer, Seeg/Lobach

Ananaskuppeltorte

Zutaten:
für Biskuitboden:
2 Eier
60 g Zucker
40 g Mehl
20 g Stärkemehl

Zutaten für die Füllung:
100 g Zucker
500 g Quark
1 P. Vanillezucker

7 Blatt Gelatine
60 ml Ananassaft
Saft von 1/2 Zitrone

2 Dosen Ananasscheiben
1 kl. Dose Mandarinen oder Kirschen
2 Becher Sahne

Von
Waltraud Bächle-Weibel,
Bettenried/Ofterschwang

Biskuitboden so groß wie die Schüssel backen. Zucker, Quark und Vanillezucker schaumig rühren. Gelatine einweichen, auflösen, Ananassaft und Zitronensaft unter die Quarkmasse rühren, kalt stellen.

Eine Schüssel, die sich als Kuppel eignet, z. B. Glasschüssel, mit Ananas auslegen, in die Löcher Mandarinen geben. Wenn die Quarkmasse zu steifen beginnt, Sahne schlagen und unterheben. Masse in die ausgelegte Schüssel geben, Boden aufdrücken, mit Folie abdecken und am besten über Nacht in den Kühlschrank stellen. Am nächsten Tag auf Tortenplatte stürzen, eventuell mit Tortenguß überziehen. Rand mit Sahnetupfen spritzen.

Apfel-Nuß-Torte

Zutaten:
4 Eier (Gewichtsklasse 3)
250 g Zucker
1 Prise Salz
100 g gemahlene Haselnüsse
1 kg säuerliche Äpfel
1 Zimtstange
Schale und Saft von einer unbehandelten Zitrone
1 geh. EL Speisestärke
3 Blatt weiße Gelatine
250 g Mascarpone
250 g Speisequark (Magerstufe)
1 1/2 Becher à 200 g Schlagsahne
50 g Haselnußblättchen
Minzblättchen zum Verzieren
Backpapier

Eier trennen, Eiweiß steif schlagen, 100 g Zucker und Salz einrieseln lassen. Eigelb und Nüsse unterheben. Boden einer Springform mit Backpapier auslegen, Teig einfüllen und glattstreichen. Auf 175° C ca. 30 Min. backen. Auf Kuchengitter stürzen, auskühlen lassen, dann aus der Form lösen. Für das Kompott 800 g Äpfel waschen, schälen, vierteln und das Kerngehäuse entfernen, in Scheiben schneiden und mit 50 g Zucker, 1/8 l Wasser, Zimt, Zitronenschale und -saft aufkochen. Ca. drei Minuten dünsten. Speisestärke mit wenig Wasser glattrühren und das Kompott damit binden. Gewürze entfernen, auskühlen lassen. Gelatine einweichen, Mascarpone, Quark und 50 g Zucker glattrühren. Gelatine ausdrücken, auflösen und unter die Creme rühren. 10 Min. kalt stellen. Biskuit einmal durchschneiden. Mit Apfelkompott und Creme füllen, kalt stellen. Übrige Äpfel waschen und 2 dünne Scheiben aus der Mitte schneiden. In 4 El Wasser und 2 EL Zucker 1-2 Min. dünsten, abtropfen und auskühlen lassen. Sahne und restlichen Zucker steif schlagen und die Torte damit einstreichen. Rand mit Haselnußblättchen bestreuen. Mit restlicher Sahne, Apfelscheiben und Minze verzieren. Ergibt ca. 16 Stücke.

Von Nicole Schreivogel, Bergenstetten

Aprikosentorte

Zutaten:
1 Schokoladenbiskuit von
6 Eiern
2 kl. Dosen Aprikosen
1 Zitrone
1 P. Tortenguß klar
3 Becher Sahne
2 P. Vanillezucker
2 P. Sahnesteif
2 TL Pistazien

Biskuit zweimal waagerecht durchschneiden. 4 Aprikosenhälften würfeln und 14 Aprikosenspalten schneiden - beiseite legen. Unteren Boden mit Aprikosen belegen. Zitronensaft und 200 ml Aprikosensaft mit Tortenguß aufkochen und über Aprikosen geben. Zweiten Boden darauf - 2 Becher Sahne steif schlagen und Aprikosenwürfel, Vanillezucker und 1 P. Sahnesteif unterrühren. Diese Masse auf den zweiten Boden streichen. Deckel daraufgeben. Restliche Sahne steif schlagen, Vanillezucker und Sahnesteif unterrühren. Torte damit einstreichen, Sahnetupfer spritzen und diese mit Aprikosenspalten verzieren. Mit den gehackten Pistazien bestreuen.

Von Lucia Menhild, Lachen

Aprikosen-Amaretto-Torte

Aus den Zutaten einen Rührteig herstellen. In einer gefetteten Springform (24 od. 26 cm) 30 Minuten bei 175° C backen.
Ausgekühlten, halbierten Tortenboden mit Gelee bestreichen, die andere Hälfte zerbröseln.
Aus 7 Aprikosen Motive ausstechen oder -schneiden und die restlichen Aprikosen kleinschneiden. Teigbrösel, Aprikosen, 50 g Krokant, Amaretto und 4 EL Aprikosensaft mischen und das Ganze auf dem Tortenboden verteilen.
Tortenring um den Boden legen. Gelatine einweichen. Quark, Joghurt, 50 g Zucker und Zitronenschale glattrühren und die aufgelöste Gelatine unterrühren. 200 g Sahne steif schlagen und unter die Quarkmasse heben.
Gelierende Masse auf den Tortenboden geben und ca. 2 Stunden kühl stellen.
Die Torte mit den ausgestochenen Aprikosen, dem restlichen Krokant und der Sahne verzieren.

Zutaten:
125 g Butter
150 g Zucker
1 P. Vanillezucker
1 Pr. Salz
2 Eier
5 EL Milch
200 g Mehl
25 g Speisestärke
2 TL Backpulver

für den Belag:
125 g Johannisbeergelee
1 Dose Aprikosen od. Pfirsiche
65 g Haselnußkrokant
6 EL Amaretto
6 Blatt weiße Gelatine
250 g Speisequark
250 g Vollmilchjoghurt
Schale von 1 Zitrone
2 Becher Sahne

Von Josefine Rösch, Köngetried

Aprikosen-Sahne-Torte

Zutaten Knetteig:
150 g Weizenmehl
40 g Zucker
1 P. Vanillin-Zucker
100 g kalte Butter o. Margarine

Biskuit:
3 Eigelb
3-4 EL warmes Wasser
125 g Zucker
1 P. Vanillin-Zucker
3 Eiweiß
75 g Weizenmehl
75 g Speisestärke
15 g Kakao
2 gestr. TL Backpulver
75 g Butter

Füllung:
1 kg Aprikosen
30 g Speisestärke
25 g Zucker
2 EL Zitronensaft
500 ml Sahne
50 g Puderzucker
2 P. Sahnesteif
3 EL Aprikosenkonfitüre
1/2 TL Gelatine gemahlen, weiß
1 EL Aprikosensaft
60 g Mandeln

Für den Knetteig Mehl auf eine Tischplatte sieben, in die Mitte eine Vertiefung eindrücken, Zucker und Vanillezucker hineingeben, kalte Butter oder Margarine in kleine Stücke schneiden, darauf geben, mit Mehl bedecken, von der Mitte aus alle Zutaten schnell zu einem glatten Teig verkneten, sollte er kleben, ihn eine Zeitlang kalt stellen, den Teig auf dem Boden einer gefetteten Springform, 26 cm, ausrollen, mehrmals mit der Gabel einstechen.
Bei 200-225°C etwa 15 Minuten backen.
Den Boden sofort nach dem Backen von dem Boden der Springform lösen, erst nach dem Erkalten auf eine Tortenplatte legen.
Für den Biskuitteig Eigelb mit warmem Wasser schaumig schlagen, nach und nach 2/3 von Zucker mit Vanillezucker hinzugeben und so lange schlagen, bis eine cremeartige Masse entstanden ist. 3 Eiweiß steif schlagen, nach und nach den Rest des Zuckers unterschlagen, den Schnee auf die Eigelbcreme geben.
Weizenmehl mit Speisestärke, Kakao und Backpulver mischen, darüber sieben und unter die Eigelbcreme ziehen (nicht rühren). Butter zerlassen, abkühlen lassen, vorsichtig hinzufügen. Den Teig in eine Springform (26 cm, Boden

gefettet, mit Pergamentpapier ausgelegt) füllen, sofort bei 175-200°C 20-30 Minuten backen. Den Tortenboden auskühlen lassen, einmal durchschneiden.
Für die Füllung Aprikosen (gedünstet oder aus der Dose) abtropfen lassen, sie bis auf 12 Aprikosenhälften in kleine Stücke schneiden, den Saft auf 250 ml (1/4 l) auffüllen (evtl. mit Wasser ergänzen). Mit 4 EL von dem Saft Speisestärke und Zucker anrühren, den übrigen Saft erhitzen, die angerührte Speisestärke unter Rühren in den kochenden, von der Kochstelle genommenen Saft geben, kurz aufkochen lassen, die Aprikosenstückchen unterheben, kalt stellen. Zitronensaft unterrühren.
Sahne 1/2 Minute schlagen, Puderzucker sieben, mit Sahnesteif mischen, einstreuen, die Sahne steif schlagen, gut die Hälfte der Schlagsahne unter die erkaltete Aprikosencreme heben, den Knetteigboden mit Aprikosenkonfitüre bestreichen, den unteren Biskuitboden darauf legen, mit der Aprikosensahne bestreichen, den oberen darauf legen, gut andrücken.
Rand und obere Seite der Torte gleichmäßig mit etwas von der zurückgelassenen Schlagsahne bestreichen, die obere Seite der Torte in 12 Stücke einteilen, die Torte mit der restlichen Schlagsahne verzieren, mit den Aprikosenhälften garnieren.
Gelatine mit Aprikosensaft (evtl. Wasser) anrühren, 10 Minuten zum Quellen stehenlassen, unter Rühren erwärmen, bis sie gelöst ist, die Aprikosenhälften damit bestreichen. Den Rand der Torte mit den abgezogenen, gehackten, gebräunten Mandeln bestreuen.

Ein Rezept von Rosmarie Allstätter, Kettershausen

Aranca-Maracuja-Torte

Zutaten:
Biskuitteig:
3 Eier
70 g Zucker
1 P. Vanillezucker
100 g Mehl
1 1/2 TL Backpulver

Zutaten für die Füllung:
3/4 l Multivitaminsaft
2 P. Vanillepudding
1 Dose Pfirsiche
2 Becher Sahne

Guß:
Saft von Pfirsichen (nur 200 ml)
1 P. Dr. Oetker Aranca (Aprik.-Marac.-Geschm.)

Aus den Zutaten einen Biskuit herstellen. Bei 180° C 12-15 Minuten backen. Saft mit Vanillepudding kochen, die kleingeschnittenen Pfirsiche dazugeben, kurz aufkochen. Um den Boden einen Tortenring geben und die Masse daraufstreichen.
2 Becher Sahne steif schlagen und auf der kalten Masse glattstreichen. Saft von Pfirsichen und Aranca-Pulver schlagen und zum Schluß Kapsel unterrühren. Auf dem Kuchen verteilen. Schön garnieren, ... fertig.

*Von Anni Kornes, Ronsberg/Dingisweiler
und Manuela Schmalholz, Kammlach*

Baiser-Eierlikör-Torte

Zutaten:
für Biskuit:
4 Eier trennen
4 EL warmes Wasser
200 g Zucker
1 Vanillezucker
200 g Mehl
1 1/2 TL Backpulver

5 St. Baisermeringen
1 l Sahne
Sahnesteif
1/2 l Eierlikör
100 g geh. Mandeln

Biskuit herstellen (200° C 20 Minuten), abgekühlten Boden teilen und Tortenring umlegen. Boden mit Eierlikörsahne bestreichen, Baisermeringen darauf und mit Eierlikör tränken, Löcher mit Eierlikörsahne füllen. Zweiten Boden darauf setzen, kühl stellen, wenn möglich über Nacht, damit er gut durchzieht. Mandeln in Pfanne anbräunen. Torte mit Eierlikörsahne verzieren und mit Mandeln bestreuen.

Von Susi Tauscher, Oberstdorf/Jauchen

Baileys-Torte

Zutaten:
6 Eier
170 g Zucker
5 EL kochendes Wasser
1 P. Vanillezucker
1 Pr. Salz
150 g Mehl

200 g Schokoglasur

Backofen auf 190° C vorheizen. Zucker mit Eigelben, Vanillezucker, kochendes Wasser und Salz schaumig rühren. Eiweiß steif schlagen, mit dem Mehl unter die Eigelbmasse heben.
In eine Kuchenform füllen und 40 Minuten backen.
Den abgekühlten Boden zweimal durchschneiden. Mit der geschmolzenen Schokoglasur den ersten Boden bestreichen, trocknen lassen.

für den Belag:
1/2 l Milch
1 P. Vanillepuddingpulver
4 EL Zucker
50 g Butter
7 Bl. Gelatine
8 EL Baileys
2 Becher Sahne

50 g Mandeln, gehobelt und geröstet
2 Becher Sahne

Gelatine einweichen. Aus Milch, Butter, Zucker und Puddingpulver einen Pudding kochen. Gelatine unterrühren und etwas abkühlen lassen. Sahne steif schlagen, mit dem Bailey unter die Puddingcreme heben.
Den ersten Boden mit der Schokoglasur nach oben auf eine Tortenplatte legen und einen Tortenring um den Boden stellen.
Die Hälfte der Puddingcreme hineinfüllen und die Hälfte geröstete Mandelblättchen daraufgeben, letzten Boden auflegen.
Mit Sahne und Schokostreusel garnieren.

Von Angelika Peter, Hofs/Wiggensbach

Bananen-Sahne-Schoko-Torte

Zutaten:
1 Biskuitboden
6-8 Bananen

5 Blatt Gelatine
1 P. Vanillepuddingpulver
100 g Zucker
1/2 l Milch

3 Becher Sahne
Sahnesteif

Glasur:
1 Becher Sahne
1 Tafel
Halbbitterschokolade
2 Blatt Gelatine

Tortenring am Biskuitboden anbringen und mit Bananen ganz oder halbiert belegen.

Gelatine einweichen. Aus Milch, Zucker und Vanillepuddingpulver Pudding kochen. Ausgedrückte Gelatine zugeben und dann gut abkühlen lassen. Sahne mit Sahnesteif steif schlagen und mit dem Pudding verrühren, auf die Bananen verteilen und fest werden lassen (im Kühlschrank).

Sahne erhitzen, Halbbitterschokolade in der Sahne schmelzen. Gelatine einweichen, ausdrücken und dazugeben. Abkühlen lassen und dann über die Sahne-Pudding-Mischung gießen - lauwarm. Torte nochmals kurz kalt stellen, bis Glasur fest ist.

Von Lucia Glaser, Baltringen

Bananen-Sahne-Torte

Zutaten:
3 Eier
100 g Zucker
100 g Mehl
1 EL Kakao
1/2 gestr. TL Backpulver

3-4 Bananen
Zitronensaft
1 Flasche (3/4 l)
Bananensaft
2 Päckchen Vanillepudding

1/2 l Sahne
1-2 P. Vanillezucker
Eierlikör

Aus Eier, Zucker, Mehl, Kakao und Backpulver einen Biskuitboden herstellen.
Bananen in Scheiben auf den Biskuitboden legen, mit Zitronensaft beträufeln.
Aus Bananensaft und Päckchen Vanillepudding einen Pudding kochen und auf den Bananen verteilen, kalt stellen.
Sahne steif schlagen, Vanillezucker dazugeben und mit Sterntülle auf Puddingmasse spritzen.
Zum Schluß mit Eierlikör verzieren.

Von Roswitha Büchler,
Ottobeuren/Ollarzried

Bananentorte mit Orangensaft

Zutaten:
1 dunkler Biskuitboden
3-5 Bananen

1/2 l Orangensaft
1 Vanillepudding
Zitronenaroma
3 EL Zucker

500 ml Sahne
1 EL Zucker
2 Sahnesteif

200 ml Sahne
1 Tafel Vollmilch- und
1 Tafel
Zartbitterschokolade
1 Blatt Gelatine

Biskuitboden mit Tortenring umschließen, Bananen quer halbieren und auf den Biskuitboden legen.
Aus 1/2 l Orangensaft, Puddingpulver, ein paar Tropfen Zitronenaroma und Zucker einen Pudding kochen und auf den Bananen verteilen.
Sahne mit Zucker und Sahnesteif schlagen und auf die erkaltete Puddingmasse verteilen.
Schokolade in Sahne durch Erwärmen auflösen. Gelatine auflösen und in die warme Masse rühren. Abkühlen und auf den Kuchen gießen.
Die fertig gekühlte Torte beliebig verzieren.

Von Gerlinde Weber, Engelwarz/Weitnau

„Schmeckt herrlich frisch!“

Bananen-Eierlikör-Torte

Zutaten:
für den Biskuitboden:
3 Eier
2 EL Wasser
100 g Zucker
60 g Stärkemehl
1 EL Kakao
1/2 TL Backpulver

für den Belag:
2 EL Aprikosenmarmelade
1 kg Bananen
1/2 l Multivitaminsaft
3 EL Zucker
2 P. Tortenguß
1/2 l Sahne
1 P. Vanillezucker
1 EL Zucker
1/8 l Eierlikör

Garnierung:
100 g Schokoladenstreusel

Biskuitteig herstellen, bei 200° C 30 Minuten backen. Tortenboden in einen Tortenring legen und mit Marmelade bestreichen. Die Bananen längs halbieren und auf den Tortenboden legen. Den Tortenguß mit Multivitaminsaft herstellen, etwas abkühlen lassen und die Bananen damit überziehen. Wenn der Tortenguß fest ist, Tortenring lösen.
Sahne mit Zucker steif schlagen, 2/3 auf die Torte geben und glattstreichen. Die restliche Sahne in einen Spritzbeutel geben und die Torte verzieren. Eierlikör vorsichtig auf die Torte gießen. Den Rand mit Schokoraspel bestreuen.
Tip: Statt Bananen kann auch ein Glas Sauerkirschen mit Saft verwendet werden.

Von Isolde Hirscher,
Leutkirch-Kesselbrunn

Bananenkuchen mit Multivitaminsaft

Schaummasse aus ganzen Eiern und Zucker rühren, Mehl unterheben und ca. 30-40 Minuten bei 180° C backen.
Boden auskühlen lassen, dann mit Aprikosenmarmelade bestreichen und einen Tortenring um den Kuchen legen. Die Bananen schälen und der Länge nach halbieren und den Boden ganz dicht belegen.
Tortenguß mit Multivitaminsaft herstellen, darübergeben, fest werden lassen. Sahne steif schlagen, etwas Sahne auf den Kuchen geben, glattstreichen. Einen Rand aus Sahne aufspritzen, in diesem Rand den Eierlikör verteilen.

Zutaten:
3 Eier
75 g Zucker
75 g Mehl
evtl. Backpulver
Aprikosenmarmelade zum Bestreichen
3-5 Bananen, je nach Größe
2 P. Tortenguß weiß
1/2 l Multivitaminsaft
2 Becher Sahne
Eierlikör

Von Roswitha Köhler, Oberstaufen-Kalzhofen

Bananen-Amaretto-Kuchen

Biskuit wie gewohnt herstellen, bei 190° C Unter-/Oberhitze ca. 25 Min. backen.
Mit Amaretto-Likör den Boden nach dem Erkalten tränken.
Die Bananen halbieren und auf den Kuchen legen, mit Zitronensaft bestreichen, Tortenring um den Kuchen legen.
Für Belag Pudding kochen und eingeweichte Gelatine darin auflösen, abkühlen lassen. 3/4 Flasche Sahne steif schlagen und unter die Masse heben
Die Puddingmasse auf den Kuchen geben und über Nacht kühl stellen.
Die restliche Sahne steif schlagen und die geschmolzene Schokolade unterheben (nicht mit dem Mixer). Die Schokosahne auf den Kuchen streichen und mit einem EL ein Muster eindrücken. Nochmals etwas kühl stellen und mit Kaba bestreuen.

Zutaten:
Boden:
3 Eier
150 g Zucker
150 g gem. Nüsse
2 EL Stärke
1 EL Kaba

Amaretto-Likör

4-6 Bananen
Zitronensaft

Belag:
1 P. Vanillepudding
1/2 l Milch
6 Blatt Gelatine
1 Flasche Sahne (0,5)
1 Tafel Vollmilchschokolade
Kaba bzw. Kakao

Von Luitgard Hartmann, Wies/Stötten a.A.

Bananen-Biskuit-Torte

Zutaten:
für Biskuit:
3 Eier
100 g Zucker
120 g Mehl
1 TL Backpulver

Belag:
5 Bananen
1 Fl. (0,75 l) Bananensaft
2 Päckchen Vanillepudding
3 Becher Sahne
1 Päckchen Paradiescreme Schoko

Biskuit auf 180° C 12 Minuten backen. Bananen in Scheiben schneiden, auf Biskuit legen. Bananensaft mit Vanillepudding kochen, abgekühlt auf die Bananen geben. Sahne halbsteif schlagen, Paradiescreme Schoko in die Sahne geben, fertigschlagen, Schokosahne auf die Bananencreme geben. Mit Sahnetupfern verzieren.

Von Margit Angerhofer, Bernbeuren-Oberreimenau und Angelika Leichtle, Unteregg sowie Gaby Beyrer, Sulzberg

Bananen-Pudding-Torte

Zutaten:
für Biskuit:
3 Eier getrennt
100 g Zucker
100 g Mehl

Für den Guß:
80 ml Sahne
1 Tafel Bitterschokolade

Für den Belag: 4-5 Bananen
1/2 l Milch
1 P. Vanillepudding
3 EL Zucker
7 Blatt Gelatine
1 Stamperl Eierlikör
2 Becher Sahne

Einen Biskuit herstellen. Die Bananen halbieren und auf den Boden legen.
Aus dem halben Liter Milch einen Pudding kochen. Die eingeweichte Gelatine unterheben, das Ganze erkalten lassen. Den Eierlikör unterziehen und zuletzt die steif geschlagene Sahne unterheben.
Die Masse auf den Bananen verteilen und fest werden lassen. Zuletzt die Sahne und die Bitterschokolade schmelzen, kurz abkühlen lassen und über die Torte geben.

Von Mannela Schmalholz, Kammlach

Bananentorte

Zutaten:
für den Biskuitteig:
4 Eier getrennt
200 g Zucker
2 EL Gustin
200 g gemahlene Haselnüsse
1 EL Kakao
1/2 P. Backin
etwas Bananenlikör

Das Eigelb mit dem Zucker schaumig schlagen. Das zu Schnee geschlagene Eiweiß, die Nüsse und die restlichen Zutaten daraufgeben und vorsichtig unterheben.

Den Teig in eine 28 cm große, gefettete und leicht bemehlte Springform füllen und bei ca. 175° C 45 Minuten backen.

Danach den Boden erkalten lassen und mit Bananenlikör tränken.

für den Belag:
1/2 l Milch
1 P. Vanillepuddingpulver
2 P. Gelatine
ca. 6 Bananen
etwas Zitronensaft
2 Becher Sahne
2 P. Sahnesteif
1 P. Schokoladenglasur
etwas Kokosfett
Bananenchips oder gem. Haselnüsse

Aus der Milch und dem Puddingpulver einen Pudding herstellen.
Die Gelatine nach Packungsanleitung anrühren.
Die Bananen schälen, der Länge nach halbieren und mit dem Zitronensaft bestreichen. Den Boden mit den Bananen belegen.
Die Gelatine unter den Pudding rühren. Die Sahne mit dem Sahnesteif fest schlagen und unter den Pudding heben.
Tortenring um den Kuchen legen. Die Puddingmasse auf die Bananen geben und glattstreichen und kalt stellen.
Die Schokoladenglasur mit dem Kokosfett auflösen und über den Kuchen geben.
Mit Bananenchips oder gemahlenen Haselnüssen verzieren.

Von Sandra Pfalzer, Memmingen/Oberbuxach

Beschwipste Johanna

Zutaten:
2 Böden Biskuit
500 g rote Johannisbeeren
1/2 l trockener Weißwein
250 g Zucker
4 Eidotter
4 Eiweiß
2 EL Speisestärke
8 Blatt Gelatine
1/2 l Sahne
1 TL Vanillezucker
Eierlikör

Weißwein mit Zucker zum Kochen bringen, zwischenzeitlich Eidotter mit Speisestärke verrühren, Gelatine einweichen. Topf vom Herd nehmen und Weißwein mit Eigelb-Stärkemischung abbinden. Gelatine ausdrücken und in der heißen Masse auflösen. Die Masse im Eiswasserbad bei gelegentlichem Rühren abkühlen. Sahne schlagen und Eischnee herstellen. Wenn Masse abbindet, beides unterheben. Die Hälfte der Masse mit Johannisbeeren mischen und auf den ersten Tortenboden mit Ring gießen. Zweiten Boden darauflegen und restliche Masse daraufstreichen. Kühl stellen. 1/2 l Sahne schlagen, Torte mit Sahneherzen verzieren. Herzen mit Eierlikör füllen und Johannisbeeren daraufsetzen.

Von Elisabeth Bechteler, Oberreute/Irsengrund

Bienenstich

Zutaten:
4 Eier
150 g Zucker
100 g Mehl
1 TL Backpulver

für die Füllung:
2 Becher Sahne
1 P. Vanille Paradiescreme

Alle Zutaten schaumig rühren, in eine Springform füllen, mit Mandelblätter und Butterflocken bestreuen und bei 180° C 20 Minuten backen.
Boden durchschneiden, Sahne anschlagen, Paradiescreme unter die Sahne heben und zur Creme schlagen.

Von Tanja Hindelang, Nesselwang-Hertingen

Birnen-Schoko-Sahne

3 Eigelb
120 g Zucker
5 EL Wasser
120 g Mehl
3 Eiweiß

1 Dose Birnen
2 Schokopudding
3/4 l Milch
4 Becher Sahne
10 Blatt Gelatine

Aus Eigelb, Zucker, Wasser, Mehl und Eischnee einen Biskuitboden herstellen. Backzeit 30 Minuten bei 180° C.
Biskuitboden auskühlen lassen und mit Aprikosenmarmelade bestreichen.
Tortenring anlegen und mit Birnenhälften belegen, 1 Hälfte zurücklassen für Garnierung.
2 Päckchen Puddingpulver Schoko mit 3/4 l Milch kochen.
Anschließend in eine Schüssel mit Deckel geben (Tupper) und kalt stellen.
10 Blatt Gelatine 5 Minuten einweichen, gut ausdrücken und erwärmen. Pudding in Gelatine rühren.
3 Becher Sahne steif schlagen, dann die Puddingcreme darunter rühren, anschließend die Masse in die Springform gießen, glattstreichen und kalt stellen.
1 Becher Sahne zum Verzieren.

Von Claudia Lebherz, Bihlafingen

Birnentorte

Zutaten:
für den Belag:
1 P. Vanillepudding
1 große Dose Birnen
1 Tafel Zartbitterschokolade
1 Tafel Vollmilchschokolade
2 P. klaren Tortenguß
2 Becher Sahne
Schokoladenstreusel

Aus 4 Eiern einen dunklen Biskuitboden herstellen.
Tortenring um den fertigen Biskuitboden geben. Birnen abtropfen lassen, Saft auffangen. Halbe Birnen auf den Tortenboden legen. Vanillepudding nach Packungsvorgabe herstellen und über die Birnen gießen. Kalt stellen bis der Pudding fest ist.
Milch- und Zartbitterschokolade im Wasserbad zergehen lassen. Aus 1/4 l Birnensaft und 2 Päckchen Tortenguß Guß herstellen. Die zerlaufene Schokolade in den noch flüssigen Tortenguß rühren und schnell über den festen Vanillepudding geben und verstreichen.
Das Ganze am besten über Nacht kalt stellen.
Sahne schlagen, über die feste Schokoladenmasse streichen und mit Schokostreusel verzieren.

Von Brigitte Jörg, Waltenhofen/Lentenhofen

Brandteig-Himbeer-Torte

Zutaten:
für den Brandteig:
1/4 l Wasser
1 Pr. Salz aufkochen
65 g Butter
120 g Mehl
5 Eier
1 Msp. Backpulver

Backpapier

Zutaten für die Füllung:
4 Blatt weiße Gelatine
250 g Mascarpone
250 g Magerquark
1 P. Vanillezucker
Saft von einer 1/2 Zitrone
250 g Himbeeren (frisch oder gefroren)

2 Blatt Gelatine
2 Becher Schlagsahne
100 ml Eierlikör
Puderzucker

Wasser, Salz und Butter aufkochen. Mehl auf einmal einrühren. Weiterrühren, bis sich der Teig als Kloß vom Topfrand löst und glänzt. In eine Schüssel geben und ein Ei einrühren. Nach und nach die restlichen Eier, mit dem letzten Ei das Backpulver unterrühren. Teig in einen Spritzbeutel mit Lochtülle füllen, auf zwei Bogen Backpapier spiralförmig zwei runde Teigböden mit ca. 22 cm Durchmesser spritzen, dabei innerhalb der Spiralen ca. 1 cm Abstand halten, da der Teig beim Backen aufgeht. Böden nacheinander auf dem Backblech bei 200° C ca. 20 Minuten backen.

4 Blatt Gelatine einweichen. Mascarpone, Quark, Vanillezucker, Zitronensaft und Zucker nach Belieben verrühren. Gelatine ausdrücken, auflösen und unter die Mascarponecreme rühren. Himbeeren unterziehen. Creme auf einen Brandteig streichen. Kühl stellen.

2 Blatt Gelatine einweichen. Sahne steif schlagen. Gelatine ausdrücken, auflösen und mit dem Eierlikör verrühren, unter die Sahne ziehen. Eierlikörcreme auf die Mascarponecreme streichen. Zweiten Boden drauflegen, Torte mit Puderzucker bestäuben und Zitronenmelisse verzieren.

*Von Rosa Brell,
Unterthingau/
Reinhardsried*

Cappuccino-Eis-Torte

Zutaten:
Biskuitteig aus:
2 Eiweiß
1 Pr. Salz
60 g Zucker
2 Eigelb
1 P. Schokopudding
20 g Mehl

Füllung:
600 g Schlagsahne
80 g Zucker
4 geh. TL löslicher Kaffee
1000 ml Vanilleeis

Zum Verzieren:
300 g Sahne
1 P. Vanillezucker
Schokokaffeebohnen
Schokoraspeln

Der Biskuitteig bei 200° C ca. 12 Minuten backen, in der Form auskühlen lassen.
Sahne, Zucker und Kaffeepulver steif schlagen.
Das Eis in Kugeln auf dem Boden verteilen, die Kaffeesahne darüberstreichen, mindestens für zwei Stunden ins Tiefkühlfach stellen.
Die Sahne mit Vanillezucker steif schlagen, den Rand der Torte einstreichen, oben mit Sahnerosetten, Mokkabohnen und Schokoraspeln verzieren.

Von Cornelia Kolb,
Röthenbach

Cappuccino-Nuß-Torte

Zutaten:
für die Füllung:
600 g Sahne
2 Tüten Cappuccino
Instantpulver
1 P. Sahnesteif
30 g Zucker
75 g gem. Haselnüsse

zum Verzieren:
1/2 Becher Sahne
Haselnußplättchen
Schokoflocken
14 Schoko-Mokka-Bohnen

Einen hellen Biskuit herstellen, zweimal durchschneiden.
Für die Füllung Instantpulver und 1EL heißes Wasser verrühren und abkühlen lassen. Sahne und Zucker steif schlagen. Angerührtes Cappuccinopulver zufügen.
1/3 der Cappuccinosahne abnehmen, unter den Rest die Nüsse heben. Einen Biskuitboden mit der Hälfte der Cappuccino-Nuß-Sahne bestreichen, zweiten Boden daraufsetzen. Restliche Nußsahne darauf verteilen und mit dem 3. Boden bedecken. Torte mit der zurückbehaltenen Cappuccinosahne einstreichen.
Haselnußblättchen in einer Pfanne rösten und abgekühlt den Tortenrand damit bestreuen. Tortendecke mit Schokostreusel, geschlagener Sahne und den Mokkabohnen verzieren.

Von Petra Weinhardt, Ottobeuren

Cappuccinotorte mit Mandarinen

Zutaten:
für den Boden:
125 g Butter
100 g Zucker
1 Pr. Salz
1 Pack. Orange-back (Schwartau)
2 Eier
250 g Mehl
1 geh. TL Backpulver
100 ml Milch

für den Belag:
1 Dose Mandarinen
400 g Sahne
1 P. Sahnesteif
2 P. Vanillezucker
3 EL lösliches Cappuccinopulver

für die Dekoration:
20 g flüssige Zartbitterschokolade

Den Backofen auf 175° C vorheizen. Fett, Zucker, Salz und Orange-back schaumig schlagen. Eier einzeln unterrühren. Mehl mit Backpulver sieben. Portionsweise im Wechsel mit Milch unterziehen. Teig in eine gefettete Springform streichen, ca. 35 Minuten backen. Mandarinen abgießen. Sahne mit Sahnesteif, Vanillezucker und Cappuccino-Pulver steif schlagen. Auf den abgekühlten Rührteigboden streichen. Mit einem Löffel Kuhlen eindrücken. Tortenrand und -mitte mit Mandarinen belegen. Schokolade in eine kleine Plastiktüte füllen, eine Ecke abschneiden. Feine Linien über die Früchte spritzen. Kühl stellen.

Von Gerlinde Waibel, Grünzesried

Castagnettatorte

Zutaten:
Nuß-Mandel-Teig:
100 g Butter
150 g Zucker
3 Eigelb
3 Eiweiß
75 g gem. Mandeln
50 g gem. Walnußkerne
50 g Semmelbrösel
1 Pr. Salz
1 Pr. Zimt
50 g Nougat

Zubereitung für Nuß-Mandel-Teig: Einen Rührteig herstellen. Den leicht erwärmten Nougat und Eischnee unterheben. In Springform füllen. 40 Min. bei 180° C backen.

Für den Biskuitteig: Einen Biskuitteig herstellen. In Springform füllen. 15 Minuten bei 200° C backen.

Für die Kirschcreme: Einen Vanillepudding mit 150 g Zucker kochen. Butter schaumig rühren, den erkalteten Pudding (ohne Haut) eßlöffelweise unterrühren. Zum Schluß Kirschwasser dazugeben. Creme in den Kühlschrank stellen.

Biskuitteig:
2 Eiweiß
2 EL kaltes Wasser
1 Pr. Salz
100 g Zucker
1 TL Vanillezucker
2 Eigelb
40 g Mehl
40 g Speisestärke
1/2 Backpulver
4 cl Kirschwasser

Kirschcreme:
1/2 l Milch
150 g Zucker
1 P. Vanillepudding
250 g Butter
4 cl Kirschwasser

Canachecreme:
1/8 l Sahne
1/8 l Milch
175 g Vollmilchschokolade
75 g Butter

Außerdem:
50 g Schokostreusel
20 g Kakao

Für die Canachecreme: Sahne und Milch langsam erwärmen. Die Schokolade reinbröckeln und unter ständigem Rühren so lange erhitzen, bis die Schokolade geschmolzen ist. Masse erkalten lassen. Butter schaumig rühren. Eßlöffelweise die Schokoladenmasse unterrühren. Den Nuß-Mandel-Kuchen längs durchteilen.
Dann einen Boden mit der Hälfte der Kirschcreme bestreichen. Darauf den ganzen (mit Kirschwasser getränkten) Biskuit legen und mit der restlichen Kirschcreme bestreichen.
Den letzten Boden daraufleger.
Die Torte mit Schokoladencreme überziehen. Den Rand mit Schokostreuseln und die Oberfläche mit Kakao bestäuben.

Von Claudia Bartenschlager, Sontheim

Cefrischtorte

Zutaten:
Biskuit aus
3 Eier
90 g Zucker
90 g Mehl vorheizen

Füllung:
2 Becher Schmand
100 g Zucker
4 EL Cefrisch
1 P. Geline oder 6 Blatt
Gelatine
1/2 l Sahne
20 g Zucker

1 P. Tortenguß
1/4 l Multivitaminsaft
3 EL Cefrisch

Biskuit herstellen, bei 180° C 10-15 (vorgeheizt) 10-15 Minuten backen.
Schmand mit Zucker und Cefrisch verrühren, Gelatine unterrühren und die Sahne unterheben.
Tortenguß mit Cefrisch mischen, mit dem Multivitaminsaft glattrühren und aufkochen. Den abgekühlten Tortenguß auf der Creme verteilen.

Von Cornelia Kolb, Röthenbach

Eierlikör-Sahne-Torte

Zutaten:
für den Boden:
4 Eier
150 g Zucker
100 g Borkensplitter
150 g gem. Nüsse
40 g Mehl
20 g Stärke
Backpulver
Zimt
Zitrone
Salz

für die Füllcreme:
3 Eigelb
2 EL Honig
120 g Eierlikör
6 Blatt Gelatine
4 Becher Sahne

Aus den genannten Zutaten einen Boden backen, und um den Boden einen Tortenring geben.
Füllcreme herstellen (Eigelb, Honig und Eierlikör schaumig rühren, aufgelöste Gelatine dazugeben, Sahne unterheben) und auf den Schoko-Nuß-Biskuit geben.
Nach dem Festwerden beliebig mit Eierlikör und Sahne verzieren.

Von Berta Beggel, Ungerhausen

Eierlikörtorte

Zutaten:
Biskuitboden aus 2 Eiern
2 Packungen Keksröllchen

für die Creme:
200 g Margarine
3 Eier
100 g Puderzucker
2 P. Vanillezucker
200 ml Eierlikör
8 Blatt Gelatine
2 Becher Sahne

Boden und Keksröllchen in Tortenring legen. Margarine, Eigelb, Puderzucker und Vanillezucker schaumig rühren. Eierlikör dazugeben, Gelatine auflösen und unterrühren.
Wenn die Masse anfängt fest zu werden, steif geschlagene Sahne dazugeben und steif geschlagenes Eiweiß unterheben.
In die Form füllen und fest werden lassen.

Von Anni Mayr,
Aitrang/Münzenried

Eierlikörkuchen

Zutaten:
für den Teig:
80 g Butter
80 g Zucker
1 P. Vanillezucker
5 Eier getrennt
200 g Nüsse
100 g gem. Schokolade
1 TL Backpulver
2 EL Rum

für die Füllung:
1/2 l Sahne
1 P. Sahnesteif
2 TL Zucker
Eierlikör

Butter, Zucker und Eigelb schaumig rühren, dann Nüsse, Schokolade, Backpulver und Rum einrühren. Eiweiß steif schlagen und vorsichtig unterheben.
Eine Springform fetten und den Teig einfüllen.
Bei 150° C ca. eine Stunde backen.
Kuchen kalt werden lassen und einmal durchschneiden.
Ein wenig Sahne daraufgeben und verteilen. Deckel draufsetzen und restliche Sahne ebenfalls verteilen. Eierlikör draufträufeln, verzieren und kühl stellen.

*Von Johanna Scholz,
Krottenhill/Ingenried*

Eiskaffeetorte

Zutaten:
1/2 Biskuitboden
1 P. Vanillepudding
2 Beutel à 12,5 g Eiskaffee

Puddingpulver nach Anweisung zubereiten und das Eiskaffeepulver unterrühren.
Erkalten lassen.
Dann die Masse auf den Biskuitboden geben.
Nach Belieben mit gesiebtem Kakaopulver und Sahne verzieren.

„Rezept für die schnelle Küche"

Von Barbara Alberstetter,
Kraftisried/Roiggers

Erdbeer-Mascarpone-Torte

Zutaten:
4 Eier
125 g Zucker
1 P. Vanillezucker
100 g Mehl
50 g Speisestärke
1/2 P. Backpulver
50 g gehackte Vollmilchschokolade
750 g Erdbeeren
250 g Mascarpone
300 g Magerjoghurt
1 EL Zitronensaft
30 g Zucker
2-3 EL Erdbeerkonfitüre
350 g Schlagsahne
4 Blatt Gelatine
25 g Mandelblättchen
Schokoraspeln

Biskuitteig herstellen aus Eier, Zucker, Vanillezucker, Mehl, Speisestärke, Backpulver, die Schokolade unterheben. Den Teig in einer Springform bei 180° C 1/2 Stunde backen.
Auskühlen lassen, Gelatine einweichen, Erdbeeren bis auf 10 Stück putzen. Biskuit halbieren, Tortenring um den Kuchenboden legen. Erdbeeren daraufstellen. Mascarpone, Joghurt, Zucker und Zitronensaft glattrühren. Gelatine auflösen und unterrühren. Über die Erdbeeren gießen und mit zweitem Boden bedecken. Ca. 2-3 Stunden kalt stellen. Sahne steif schlagen, Form lösen, mit 2/3 der Sahne bestreichen. Rest der Sahne mit Konfitüre verrühren und Torte verzieren, sowie mit den Mandelblättchen, Schokoraspeln und den beiseite gestellten Erdbeeren.

Von Martha Lochbihler, Bad Grönenbach/Unterthal

Erdbeer-Sahne-Torte

Zutaten:
Mürbeteigboden:
125 g Mehl
60 g Zucker
60 g Butter
1 kl. Ei
1 Pr. Salz

Mürbeteig herstellen und auf 200° C rund 5-7 Minuten backen.
Biskuitmasse herstellen, auf 170-180° C rund 10-15 Minuten backen.
Mürbeteigboden mit Johannisbeergelee bestreichen, 1/2 Biskuitboden darauf, Tortenring umlegen.

Biskuit:
5 Eiweiß
1 Pr. Salz
150 g Zucker
5 Eigelb
150 g Mehl

Erdbeercreme:
3/8 l Erdbeermark
180 g Zucker
2 P. Vanillezucker
750 g Quark
10 Blatt Gelatine
600 g Sahne

Erdbeeren und Zitronenmelisse zum Dekorieren

Quark, Zucker, Erdbeermark (500 g Erdbeeren aufkochen, pürieren, sieben, kühlen) und Vanille verrühren. 10 Blatt Gelatine im kalten Wasser auflösen und erwärmen, Sahne steif schlagen, kleine Menge der Schlagsahne mit der Gelatine vermengen und zur Quarkcreme geben, restliche Sahne unterheben.
Creme auf den Biskuit geben, zweiter Biskuit obenauf.
Torte mit 1/2 l Schlagsahne einstreichen und verzieren.
Garnitur: Rand mit einer Garnierspachtel fertigen. Halbierte frische Erdbeeren und Waldbeerblätter darauf verteilen.

Von Petra Fürholzer, Argenbühl/Isnyberg und Karin Lingenkel, Oberstaufen/Laufenegg

Erdbeer-Sahne-Quarktorte

Zutaten:
für den Biskuit:
4 Eier
4 EL warmes Wasser
120 g Zucker,
120 g Mehl
1 TL Backpulver

für die Erdbeerfüllung:
400 g Erdbeeren
300 g Naturjoghurt
1/2 l Sahne
2 Sahnesteif
4 EL Zucker
6-8 Bl. Gelatine

Zum Verzieren:
1 Spritze Sahne
8 gleich große Erdbeeren mit Blattwerk
Schokostreusel

Eiweiß, Wasser und Zucker sehr steif schlagen, Eigelb zugeben, Mehl und Backpulver unterheben.
Bei 180° C ca. 30-40 Minuten backen.
Tip: Einen Biskuit weiß und einen Biskuit braun backen, einmal halbieren, die anderen können eingefroren werden.
Ein Boden weiß, einen braun verwenden. Dazu für den braunen Boden ca. 3 EL Kakao zugeben.
Sahne und Sahnesteif steif schlagen, Zucker und Joghurt zugeben und abgekühlte Gelatine, Boden mit halbierten Erdbeeren belegen, eine Handvoll pürierte Erdbeeren in die Sahne geben. Ca. 5 Stunden kühl stellen.

Von Uschi Spöttle, Hasen/Sulzberg

Erdbeersahne

Zutaten:
ein heller Biskuitboden
von 5 Eiern

2 P. Gelatine
1/2 l gemixte Erdbeeren
1 l Sahne
etwas Zucker

Biskuitboden backen, erkaltet einmal durchschneiden.
2 P. Gelatine auflösen, unter gut einen halben Liter gemixte Erdbeeren (eingefrorene) rühren, sowie 1 Liter steif geschlagene, gesüßte Sahne unterziehen.
Den unteren Boden auf eine Platte legen, mit einem Tortenring umstellen, die Hälfte der Erdbeersahne einfüllen, kurz kalt stellen. Nach ca. 5 Minuten Tortenring entfernen, Deckel auflegen, mit Erdbeersahne einstreichen. Mit weißen Sahnetuffs verzieren. In der Erdbeerzeit mit frischen Früchten verzieren.

„Zur Kommunion meines Sohnes gebacken"

Von Monika Seitz, Buch/Friesenhofen

Erdbeer-Vanille-Sahnetorte

Teig:
4 Eier
60 g Mehl
120 g Zucker
1 gestr. TL Backpulver
1 EL Kakao
60 g Speisestärke

Belag:
500-800 g Erdbeeren
3 Becher Sahne à 200 g
1/2 Päckchen Galetta
Vanille Geschmack

Aus Eier, Mehl, Zucker, Backpulver, Kakao und Speisestärke Biskuit herstellen.
Sahne mit 1/2 Päckchen Galetta Vanille Geschmack aufschlagen und auf dem halben Tortenboden verteilen, andere Hälfte wird nicht benötigt. Dann die Erdbeeren in Scheiben schneiden, auf die Creme verteilen. 2 Päckchen Tortenguß nach Vorschrift machen, auf die Torte verteilen.

„Zur Hochzeit von Alois und Elke“

Von Anna Harscher, Bad Wurzach

Eymühlers Torte

Zutaten:
einen dunklen Biskuitboden

Füllung:
1 Becher Sahne
150 g Zucker
3 Becher Joghurt (Natur)
Saft einer Zitrone
500 g pürierte Nektarinen
7 Blatt Gelatine
500 g klein geschnittene Nektarinen

Dunklen Biskuitboden backen. Oberen Teil durch „Bäckermeister" (v. Femina) drücken und in eine Schüssel legen.
Sahne steif schlagen, Zucker, Joghurt, Zitronensaft, pürierte Nektarinen und aufgelöste Gelatine verrühren, klein geschnittene Nektarinen unterrühren und alles in die Schüssel geben. Die andere Hälfte des Bodens darauflegen. Im Kühlschrank fest werden lassen, stürzen. Mit 1 Becher Schlagsahne verzieren.

„Beide Kuchen wurden gegessen von den Geburtstagsgratulanten der einjährigen Andrea"

Von Ilse Grotz, Lachen

Feiertagstorte

Zutaten:
Biskuit aus zwei Eiern

für den Tortendeckel:
50 g Butter
50 g Zucker
2 Eigelb
1/2 P. Vanillezucker
70 g Mehl
1/4 TL Backpulver

2 Eiweiß
100 g Zucker
1/2 P. gehobelte Mandeln

Füllung:
Sahnepudding aus
1/4 l Fruchtsaft
(Sauerkirschen,
Stachelbeeren, Birnen oder
Ananas)

1/2 l Sahne
2 P. Sahnesteif
2 EL Zucker

Von Margret Reitemann,
Joserente/Oy-Mittelberg

Biskuit aus zwei Eiern backen. Aus Butter, Zucker, Eigelb, 1/2 P. Vanillezucker, Mehl und Backpulver einen Rührteig herstellen und mit gemehlten Händen in die Form drücken.
Eiweiß mit Zucker steif schlagen und auf den Teig streichen, Mandeln darüberstreuen.
20-25 Minuten bei 180° C backen.
Den gebackenen Deckel auf ein Holzbrett legen und sofort in Stücke schneiden. Die erkalteten Teile auf die Torte legen.
Sahnepudding von gut 1/4 l Fruchtsaft kochen, warm in den Pudding rühren. Die erkaltete Masse auf den Boden streichen.
Sahne mit Sahnesteif und Zucker steif schlagen. Im Tortenring auf die Obstfüllung geben. Deckelstücke auflegen.

Feine Eistorte

Zutaten:

Teig:

2 Eigelb
2 EL Wasser
50 g Zucker
1 P. Vanillezucker
2 Eiweiß
50 g Speisestärke

Füllung:

4 Eigelb
1 P. Vanillezucker
180 g Zucker
2 EL Rum
1/2 l Sahne
2 P. Sahnesteif
4 Eiweiß
1 Tafel bittere Schokolade

Eigelb mit Wasser und Zucker gut schaumig rühren. Steif geschlagenen Eischnee auf die Eicreme geben, Speisestärke übersieben und alles vorsichtig unterheben. Teig in eine mit Pergamentpapier ausgelegte Springform geben, bei 180° C 15-20 Minuten backen. Für die Füllung Eigelb mit Zucker, Vanillezucker und Rum schaumig rühren. Sahne nach Vorschrift mit Sahnefestiger zubereiten und mit dem steif geschlagenen Eischnee und geriebener Schokolade unter die Eicreme heben. Den mit Pergamentpapier ausgelegten Springformrand um den ausgekühlten Tortenboden legen. Füllung hineingeben und im Tiefkühlfach 2-3 Stunden gefrieren.

Torte mit Sahne und Schokoladenraspeln garnieren.

Von Susanne Eggel, Wertach-Vorderrente

Feuerwehrkuchen

Zutaten:
220 g Mehl
100 g Butter
1 Ei
1/2 TL Backpulver
80 g Zucker

1 Glas Sauerkirschen
1/2 Pck. Vanillepudding

100 g Mehl
100 g Zucker
100 g Haselnüsse
100 g Butter

200 g Sahne
Zimt

Aus Mehl, Butter, Ei, Backpulver und Zucker Mürbeteig zubereiten.
Sauerkirschen mit Vanillepudding aufkochen, etwas abkühlen lassen und auf den Mürbeteig geben.
Aus Mehl, Zucker, Haselnüsse und Butter Streusel zubereiten und auf der Kirschmasse verteilen.
Bei 180° C 35-40 Minuten backen.
Sahne steif schlagen und auf den abgekühlten Kuchen streichen. Mit Zimt bestreuen.

Von Margot Wirth, Bad Wurzach/Schönbuch

Frieda-Kuchen

Zutaten:
Teig für 2 Kuchenbleche:
300 g Butter
250 g Zucker
8 Eigelb
270 g Mehl
1 TL Backpulver
24 EL Milch

Belag für 2 Kuchenbleche:
8 Eiweiß
300 g Zucker
2 Vanillezucker
gemahlene Haselnüsse

2-3 Becher Sahne

Butter und Zucker schaumig rühren.
Eigelb, Mehl, Backpulver und Milch dazu rühren. Teig auf die 2 Kuchenbleche streichen.
Eiweiß steif schlagen, mit Zucker und Vanillezucker ganz steif schlagen, Baiser auf den Teig streichen und mit gemahlenen Haselnüssen bestreuen und beide Bleche je 30 Minuten auf 180° C backen.
Abkühlen lassen!
Sahne steif schlagen und auf einem Blech verteilen, und das andere darauf legen!

Von Marita Holzner, Vorderhindelang

Fruchtige Sekttorte

Zutaten:
für den Boden:
3 Eier
100 g Zucker
150 g gem. Haselnüsse
130 g ger. Schokolade
1 EL Milch
1 geh. EL Mehl
1 TL Backpulver

Für den Belag:
1 Dose Pfirsiche in
Schnitze schneiden
2 Kiwi
Erdbeeren
3/4 l Sahne
1 P. Vanillezucker
1 P. Aranca Creme Pfirsich-
Aprikosen Geschmack
1 Piccolo Sekt
7 Blatt Gelatine

Aus den Zutaten einen Teig rühren, in eine gefettete Springform füllen und im vorgeheizten Ofen bei 175° C ca. 30 Minuten backen. Den Boden auskühlen lassen. Die Früchte vorbereiten, bevor man mit der Füllung beginnt. Tortenring um den Boden legen. Sahne steif schlagen, Sekt in ein hohes Gefäß geben und das Aranca-Creme-Pulver hinzufügen und ca. 3 Minuten schaumig schlagen, vorsichtig in die Sekt-Creme rühren und zuletzt die aufgelöste Gelatine unterrühren. Sofort die Hälfte der Masse auf den Boden geben, die Früchte darauf verteilen und die restliche Creme darüber streichen. Im Kühlschrank über Nacht stehen lassen. Am nächsten Tag den Tortenring abnehmen und nach Belieben mit Sahne verzieren.

Von Brigitte Maier,
Breitenbrunn

Gib-mir-die-Kugel-Torte

Zutaten:
für den Rührteig:
150 g weiche Margarine
150 g Zucker
1 P. Vanillezucker
4 Eier
200 g gem. Haselnußkerne
1 TL Backpulver

für den Belag:
32 Schoko-Nuß-Konfektkugeln
400-500 ml Sahne
1 P. Sahnesteif

zum Verzieren:
40 g Vollmilchkuvertüre
30 g geh. Haselnußkerne
200-250 ml Schlagsahne
1 P. Vanillezucker

Rührteig herstellen. Den Teig in eine Springform (mit Backpapier auslegen) füllen und glattstreichen. Die Form auf dem Rost in den Backofen schieben.
Heißluft: etwa 160° C, etwa 30 Minuten
Den Tortenboden aus der Form lösen und erkalten lassen.
Acht gekühlte Konfektkugeln mit einem scharfen Messer halbieren, beiseite legen. Die restlichen Kugeln in einer Schüssel zerdrücken. Sahne mit Sahnesteif steif schlagen und in 2 Portionen unter die Krümelmasse heben. Einen Tortenring um den Tortenboden legen und die Masse auf dem Boden verstreichen. Die Torte kühl stellen. Zum Verzieren Kuvertüre grob zerkleinern und in einem kleinen Topf im Wasserbad bei schwacher Hitze zu geschmeidiger Masse verrühren. Die Haselnußblättchen an den Tortenrand drücken. Die Kuvertüre in einen Gefrierbeutel geben, eine Ecke abschneiden, verzieren und kühl stellen.
Sahne mit Vanillezucker steif schlagen, in einen Spritzbeutel mit Sterntülle geben. Die Torte mit Sahnetuffs verzieren und mit den halbierten Konfektkugeln garnieren. Torte gut gekühlt servieren.

Von Manuela Peter, Unterrieden

Haselnußtorte

Zutaten:
5 Eier
150 g Zucker
200 g Haselnüsse
1 TL Zimt
1/2 P. Backpulver
3 EL Mehl

Für die Füllung:
2 Dosen Mandarinen
1/2 l Sahne

Alle Zutaten verrühren und bei 180° C etwa 30 Minuten backen.
Torte durchschneiden, Hälfte Sahne mit Mandarinen mischen, Torte füllen und mit restlicher Sahne noch verzieren.

Von Tanja Hindelang, Nesselwang-Hertingen

Häufchentorte

Zutaten:
6 Eigelb
180 g Zucker
1 Vanillezucker
6 Eiweiß
80 g Mehl
60 g Speisestärke
60 g Kaba

Biskuit backen, einmal durchschneiden, mit Rum beträufeln, dick mit Preiselbeermarmelade bestreichen, den oberen Boden ebenfalls beträufeln, in Rauten schneiden.
Mit 2 Becher geschlagener Sahne mischen und darauf setzen.
1/2 Becher Schokoglasur schmelzen und die Torte damit verzieren.

Von Hanni Ostheimer,
Wertach

Herzchentorte

Zutaten:
Schokoladenbiskuit von
6 Eiern
100 g weiche Butter
200 g Nuß-Nougat
2 Becher Sahne
Milka-Nougat-Herzchen

Schokoladenbiskuit backen und zweimal durchschneiden.
Weiche Butter mit leicht erwärmtem Nuß-Nougat (Block) geschmeidig rühren, Sahne mit Sahnesteif schlagen.
Untersten Biskuitboden mit Nougatcreme bestreichen, darauf eine Schicht Sahne und nächsten Boden darauflegen, genauso bestreichen. Dritten Boden aufsetzen und die ganze Oberfläche mit Nougatcreme bestreichen. Mit Sahne und Milka-Nougat-Herzchen verzieren.

„Schmeckt herrlich süß"

Von Christa Hörburger, Dietmannsried-Sommersberg

Himbeer- oder Erdbeersahne

Zutaten:
ein heller Biskuitboden von 6 Eiern,

500 g Quark
250 g Joghurt
250 g Sahne
Saft und Schale einer halben Zitrone
Zucker nach Geschmack
500-750 g Erd- oder Himbeeren
12 Blatt Gelatine

Biskuitboden durchschneiden und Tortenring anlegen.
Für die Füllung Quark, Joghurt, geschlagene Sahne, Saft und Schale einer halben Zitrone, Zucker nach Geschmack, Erd- oder Himbeeren mit Gelatine verrühren.
Die Torte mit Sahne verzieren.

Von Sieglinde Heumoos, Kißlegg-Rempeltshofen

Himbeercharlotte

Zutaten:
für den Teig:
4 Eier
75 g Zucker
80 g Mehl
40 g Stärke
450 g Himbeerkonfitüre

Eigelb, 4 EL Wasser und Zucker schaumig rühren. Eiweiß steif schlagen, auf die Eigelbcreme geben. Mehl und Stärke unterheben.

Teig auf ein mit Backpapier ausgelegtes Blech streichen und bei 200° C 15-20 Minuten backen.

Auf ein mit Zucker bestreutes Tuch stürzen und aufrollen.

für die Füllung:
9 Blatt weiße Gelatine
500 g Schmand
60 g Puderzucker
Saft und Schale 1 Zitrone
500 g Himbeeren
350 g Sahne

Konfitüre erwärmen, auf den Biskuit streichen und wieder aufrollen.
Gelatine einweichen, Schmand, Puderzucker, Zitronenschale und -saft verrühren.
Gelatine auflösen und unter die Masse rühren.
Wenn sie zu gelieren beginnt, Sahne steif schlagen und 2/3 unterheben, ebenso 2/3 der Himbeeren.
Biskuitrolle in Scheiben schneiden, eine flache Schüssel damit auslegen, Himbeercreme in die Mitte füllen, mit Biskuitscheiben abdecken.
4 Stunden kalt stellen.
Charlotte stürzen und mit den restlichen Himbeeren und der Sahne verzieren.

Von Anneliese Stärk, Bad Wurzach/Haidgau

Himbeer-Wickel-Torte

Zutaten:
für den Mürbeteig:
150 g Mehl
75 g Butter
50 g Zucker
1 Ei
1 Pr. Salz

für den Biskuit:
4 Eier
150 g Zucker
1 P. Vanillezucker
80 g Mehl
80 g Speisestärke
1 TL Backpulver
2 EL Zucker
Backpapier

Für den Mürbeteig alle Zutaten glatt verkneten. Abgedeckt 30 Minuten kühl stellen. Auf einem Springformboden (24 cm) den Teig ausrollen und mit einer Gabel mehrmals einstechen. Im vorgeheizten Backofen (E-Herd: 200° C) ca. 15 Minuten backen.

Für den Biskuit Eier, Zucker, Vanillezucker und 4 EL kaltes Wasser schaumig rühren. Mehl, Speisestärke und Backpulver mischen und vorsichtig unterheben. Teig auf ein mit Backpapier ausgelegtes Backblech streichen. Bei gleicher Temperatur 10-12 Minuten backen.

Biskuitplatte auf ein mit Zucker bestreutes Tuch stürzen. Papier abziehen. Biskuit mit einem feuchten Tuch bedecken.

für die Füllung:
500 g Himbeeren
75 g Zucker
Saft 1 Zitrone
6 Blatt weiße Gelatine
4 Becher à 200 g Schlagsahne
2 P. Vanillezucker
Schokolade

Himbeeren putzen, waschen. 30 Früchte zum Garnieren aufheben.
Restliche Himbeeren mit dem Schneidstab des Handrührgerätes pürieren, durch ein Sieb streichen. Zucker und Zitronensaft zufügen.
Gelatine einweichen, ausdrücken, im Wasserbad auflösen und unterrühren, bis kurz vor dem Erstarren kühl stellen.
2 Becher Sahne und 1 Päckchen Vanillezucker steif schlagen und vorsichtig unter die pürierten Himbeeren ziehen.
Biskuitplatte in 5 cm breite Streifen schneiden. Mit Himbeercreme bestreichen.
Einen Streifen aufrollen und in die Mitte des Mürbeteigbodens setzen.
Alle Streifen nacheinander darumwickeln. Fest werden lassen.
Restliche Sahne mit Vanillezucker steif schlagen. Knapp die Hälfte in einen Spritzbeutel mit Sterntülle füllen. Torte mit Sahne bestreichen. Sahnetupfen um den Rand und in die Mitte spritzen. Mit Himbeeren und Schokoraspeln garnieren.

Von Anni Geyer, Heimenkirch

Himmlische Himbeerroulade

Zutaten:
5 Eier
200 g Zucker
1 P. Vanillezucker
200 g Mehl
1 TL Backpulver

1 Becher Sahne
1 Schale Himbeeren

Eier schaumig schlagen, Zucker und Vanillezucker einrieseln lassen, weiterschlagen bis Schaummasse eine helle Farbe hat. Mehl und Backpulver unterheben.
Teig auf ein mit Backpapier ausgelegtes Backblech gießen und im vorgeheizten Backofen bei 225° C 12 Minuten backen (nicht länger). Sofort auf ein bezuckertes Küchentuch stürzen und gleich aufrollen.
Sahne schlagen, Himbeeren waschen. Roulade mit Sahne und Himbeeren füllen.
Schmeckt mit jeder Art von Früchten fein! Z. B. Mandarinen, Erdbeeren

Von Elisabeth Bechteler, Oberrente/Irsengrund

Himbeertorte mit Paradiescreme

Zutaten:
für den Teig:
3 Eier
120 g Zucker
140 g Mehl
1 P. Vanillezucker
1 gestr. TL Backpulver

für die Creme:
1 P. Dr. Oetker Paradies Creme „Vanillegeschmack"
300 ml Milch
500 g gefrorene Himbeeren
Vanillepudding

Biskuitteig herstellen.
Die Himbeeren auftauen lassen. Den Saft mit etwas Wasser zu einem 1/2 l Flüssigkeit messen. Mit dem Saft einen Vanillepudding kochen. Die Himbeeren in den Pudding geben und mit Zucker zusammenrühren. Die Masse auf den Biskuitboden streichen und erkalten lassen.
Paradiescreme und Milch mit Rührbesen kurz verrühren. Das Ganze etwa 3 Minuten cremig schlagen.
Die Creme über die Himbeeren streichen. Nach Belieben mit Sahne und Himbeeren verzieren.

Von Elisabeth Krug, Ottobeuren/Halbersberg

Himmlische Torte mit Kirschen

Zutaten:
für den Teig:
100 g Butter
100 g Zucker
1 P. Vanillezucker
etwas Salz
4 Eigelb
125 g Mehl
1/2 TL Backpulver

Aus den Teigzutaten einen Rührteig herstellen, diesen in zwei Teile teilen.
Die 1. Hälfte des Teiges in eine gefettete Springform (28 cm) füllen.
Für den Belag Eiweiß sehr steif schlagen, nach und nach Zucker unterrühren. Diese Masse ebenso in zwei Teile aufteilen und die 1. Hälfte auf den Teig streichen, dann 50 g gehobelte Mandeln darüberstreuen. Bei 175°-200° (vor-

für den Belag:
4 Eiweiß
200 g Zucker
100 g gehobelte Mandeln

für die Füllung:
1 Glas Sauerkirschen
1 Päckchen Puddingpulver Vanillegeschmack
etwas Zucker
1/2 l Sahne

geheizt) 20 Minuten backen.
Mit der anderen Hälfte der Zutaten den gleichen Boden backen.
Einen Boden sofort nach dem Backen in 16 Stücke teilen, der 2. Boden bleibt ganz. Um den ganzen Boden einen Tortenring stellen.
Sauerkirschen mit Puddingpulver Vanillegeschmack und etwas Zucker aufkochen, erkalten lassen. Dann auf den Boden geben.
Zum Schluß Sahne steif schlagen, auf die Kirschen geben.
Die geteilten Kuchenstücke darüber anordnen.

Von Sieglinde Kögel/Wengen

Himmlische Kardinaltorte

Zutaten:
125 g Margarine
125 g Zucker
3 Eigelb
1 TL Zimt
50 g Mehl
1 TL Backpulver
50 g gem. Haselnüsse
100 g Raspelschokolade
3 Eiweiß

1 Glas Kirschen
Puddingpulver
1 Pck. „Rotwein-Creme"
Rotwein
75 ml Wasser
2 Becher Sahne à 200 g
Sahnesteif

Schokoraspeln
Puderzucker

Margarine und Zucker schaumig rühren, Eigelb und Zimt unterrühren, Mehl, Backpulver, Haselnüsse und Raspelschokolade zufügen und steif geschlagenes Eiweiß unterheben. In vorbereitete Springform (26 cm) geben und im heißen Backofen bei 175° C 25-30 Minuten backen.
Den Boden abkühlen lassen, dann Tortenrand um den Boden legen.
1 Glas (720 ml) Kirschen abtropfen lassen, Saft auffangen. Einige Kirschen zur Verzierung beiseite legen. Puddingpulver einrühren, aufkochen und die Kirschen unterheben, auf den Boden streichen und abkühlen lassen.
„Rotwein-Creme" mit Rotwein und Wasser nach Anweisung der Packung zubereiten. Sahne steif schlagen mit Sahnefestiger oder „san-apart" unter die Rotwein-Creme heben. Alles auf dem Kirschkompott verteilen, Torte ca. 3 Stunden kalt stellen.
Mit Schokoraspeln und restlichen Kirschen verzieren und mit Puderzucker bestäuben.

Von Rosmarie Brandmaier, Hörmatzen/Seeg

Himmlische Torte

Zutaten:
Rührteig:
200 g Butter
125 Zucker
4 Eigelb
1 P. Vanillezucker
150 g Mehl
1/2 TL Backpulver

Baiser:
4 Eiweiß
200 g Zucker
100 g Mandelblättchen

Füllung:
250 g saure Sahne
75 g Zucker
1 Vanillezucker

2 Böden vom Rührteig in 26-cm-Springform auslegen. Die Baisermasse auf beiden Böden darüber verstreichen und Mandelblättchen darüberstreuen; bei 160° C 1/2 Stunde backen. Den oberen Boden noch warm in 12 Stücke schneiden.

Für die Füllung saure Sahne, Zucker und Vanillezucker verrühren.

Saft einer Zitrone glatt rühren. 8 Blatt gelöste Gelatine unterrühren, 2 Becher Sahne, geschlagen, unterheben.

Um den unteren Boden einen Tortenring geben und die Füllung einfüllen.

Den in Stücken geschnittenen Boden drauf legen und kalt stellen.

Von Rita Koneberg, Muthmannshofen

Himmlische Torte mit süßer und saurer Sahne

Zutaten:
Rührteig:
100 g Butter
75 g Zucker
1 P. Vanillezucker
4 Eigelb
150 g Mehl
1/2 TL Backpulver

Baiser:
4 Eischnee
100 g Puderzucker
100 g Mandelblättchen
zum Bestreuen

Füllung:
6 Blatt weiße Gelatine
2 Becher saure Sahne
75 g Zucker
1 P. Vanillezucker
2 Becher süße Sahne

Die Hälfte des Rührteiges in eine Springform (20-26 cm) streichen, die Hälfte Baiser darauf verteilen und mit 50 g Mandelblättchen bestreuen. Bei 180° C ca. 25 Minuten backen.
Saure Sahne mit Zucker und Geschmackszutaten verrühren, gelöste Gelatine einrühren, steife Sahne unterheben.
Den kalten Boden auf eine Tortenplatte legen, Tortenring umlegen, Füllung daraufgeben, den zweiten Boden auflegen. Kühl stellen.

Von Maria Ziegler, Buchloe/Honsolgen
und Hildegard Dorn, Legau/Auflerlandholz

Hohes-C-Torte

Zutaten:
Dunkler Biskuit:
3 Eier
3 EL kaltes Wasser
150 g Zucker
150 g Mehl
1 TL Backpulver
2 EL Kakao

für die Creme:
1 Fl. Hohes C
150 g Zucker
6 Blatt Gelatine (besser sind jedoch 8 Blatt)
2 P. Vanillepuddingpulver

Biskuit herstellen.
Pudding kochen, eingeweichte Gelatine während des Erkaltens darunter.
Wenn die Creme kalt ist, werden 2 Becher geschlagene Sahne untergehoben.
Boden nach Belieben ein- oder zweimal durchschneiden und mit der Creme füllen. Mit 1 1/2 Becher Sahne verzieren. Über Nacht fest werden lassen.

Von Hedwig Kirchmann, Kronburg/Greuth

Holländische Kirschtorte

Zutaten:
300 g Blätterteig (tiefgefroren oder selbstbereitet)
50 g Johannisbeermarmelade
100 g Puderzucker
1 EL Zitronensaft
1 großes Glas Sauerkirschen (16 zum Belegen auf die Seite legen)
50 g Zucker
1 Msp. gem. Zimt
3 TL Speisestärke
1/2 l Sahne
1 P. Sahnesteif
1 P. Vanillezucker

Tiefgefrorenen Blätterteig auftauen lassen. Ein Backblech kalt abspülen. Backofen auf 200° C vorheizen. Blätterteig in 3 Stücke teilen und 3 gleich große Böden von ca. 28 cm ausrollen oder ausstechen. Böden aufs Backblech legen, mehrmals einstechen, 15 Minuten ruhen lassen, auf der mittleren Schiebeleiste in 10-12 Minuten hellbraun backen. Den schönsten Blätterteigboden mit der erhitzten Marmelade bestreichen. Puderzucker mit Zitronensaft verrühren und mit dieser Glasur die Marmelade bestreichen. Trocknen lassen. Den glasierten Tortenboden in 16 Stücke schneiden. Sauerkirschen abtropfen lassen, Kirschsaft mit Zucker und Zimt aufkochen. Die Stärke mit etwas kaltem Wasser anrühren, zum Kirschsaft geben, unter Rühren einmal aufkochen lassen und vom Herd nehmen, Kirschen einrühren, erkalten lassen. Einen Blätterteig als Boden nehmen, die abgekühlten Kirschen darauf verteilen. Sahne mit Vanillezucker steif schlagen (einen Teil zum Verzieren zur Seite stellen). Kirschen mit wenig Sahne bestreichen, zweiten Boden darauflegen, die restliche Sahne auf den zweiten Boden geben. Nun die glasierten Tortenbodenstücke auflegen und mit der Sahne und den Kirschen verzieren.

Von Rosmarie Keck, Oberstaufen-Buflings

Johannisbeertorte mit Sahne

Zutaten:
für Mürbeteig:
250 g Mehl
65 g Puderzucker
125 g Butter
1 Ei
Salz

für die Füllung:
3/4 l Johannisbeer- oder Apfelsaft
2 P. Vanillepudding
2 Becher Sahne

Mürbeteig herstellen, Springform auskleiden. Aus dem Saft mit 2 P. Vanillepudding einen Pudding kochen und die Beeren unterheben. Die abgekühlte Masse auf den Mürbeteig geben.
Bei erkalteten Kuchen mit 2 Becher steif geschlagener Sahne bestreichen und garnieren.

Von Erika Hagg,
Summerau/Neukirch

Kirsch-Schoko-Bombe

Zutaten:
Biskuitboden aus 5 Eiern
Kirschcreme:
1 Becher Sahne
2 EL Zucker
3 Blatt weiße Gelatine
1 Blatt rote Gelatine
1/2 Glas Kirschen

Schokocreme:
1 Becher Sahne
1 EL Schokopulver
2 EL Rum
4 Blatt Gelatine

Garnitur:
Schokoglasur

Biskuit backen.
Zur Kirschcreme die Sahne schlagen, aufgelöste Gelatine und Kirschen unterheben.
Eine Schüssel mit Frischhaltefolie auslegen.
Den Biskuitboden zweimal durchschneiden und einen Boden in die Schüssel legen.
Creme einfüllen.
Den 2. Boden mit etwas Rum tränken und darauflegen. Schokocreme aufstreichen.
Den 3. Boden auflegen. Erkalten lassen.
Die Kuppel auf eine Kuchenplatte stürzen und mit Schokoglasur überziehen!

Von Resi Gögler, Oberbinnwang/Kronburg

Kirsch-Sahne

Zutaten:
für Nussboden:
4 Eier getrennt
200 g Zucker
150 g gem. Nüsse
50 g Mehl
etwas Backpulver

1 Glas Kirschen
1 geh. EL Mondamin
1 EL Zucker

2 Becher Sahne
Kakao oder Eierlikör

Biskuit herstellen, Backzeit ca. 1/2 Stunde bei 175° C.
Erkalteten Tortenboden auf Kuchenplatte geben, mit Ring umgeben.
Kirschen abtropfen lassen, 1/8 l Kirschsaft zum Kochen bringen. Mondamin und Zucker mit etwas Saft verrühren, mit auskochen und etwas einschmecken. Auf dem Boden verteilen.
Sahne steif schlagen, auf die kalte Kirschmasse geben. Obendrauf Kakao stäuben, oder Eierlikör.

*Von Claudia Hane,
Lachershof/
Weiler-Simmerberg*

Kiwi-Kuppel-Torte

Zutaten:
Biskuitboden von 8 Eiern

Biskuitboden von 8 Eiern backen.
Die Kiwis in dünne Scheiben schneiden und eine kuppelartige Schüssel (26-28 cm) damit auslegen.
Den Biskuitboden auseinanderschneiden. Den restlichen Boden (dünn) mit Schokoladenglasur überziehen.

für die Füllung:
9 Blatt weiße Gelatine
3/4 l Sahne
50 g Zucker
1 P. Vanillezucker
3 EL weißen Rum

für den Guß:
1 P. Tortenguß klar
2 gestr. EL Zucker
1/4 l Wasser

außerdem:
5-6 Kiwis zum Auslegen
1 Schokoladenglasur

Zur Füllung die Gelatine in wenig Wasser quellen lassen und in heißem Wasser auflösen.
Die Sahne fast steif schlagen, den mit Vanillezucker gemischten Zucker und die aufgelöste - etwas abgekühlte - Gelatine darunterrühren.
Die Sahne vollkommen steif schlagen.
Kuchenkrümel und Rum darunterheben. Die Masse in die mit Kiwis ausgelegte Schüssel füllen und glattstreichen.
Den dünnen Boden mit der mit Schokolade überzogenen Seite darauflegen, einige Stunden kalt stellen.
Die Kuppeltorte stürzen und mit Tortenguß überziehen.

Gut gekühlt servieren!

Von Margit Fink, Oberstaufen/Hagspiel

Kiwibombe mit Joghurt

Zutaten:
1 dunkler Biskuit von
6 großen Eiern

10-12 Kiwis
1/2 l Sahne
300 g Vollmilchjoghurt
6 Blatt weiße Gelatine

Kuchenbuffet zum 50. Geburtstag einer Freundin
(mit Kiwibombe rechts vorn)

2/3 des Bodens würfeln - aufgelöste Gelatine zum Joghurt geben - geschlagene Sahne unterheben, 4 gewürfelte Kiwis und den gewürfelten Boden vorsichtig unterheben.
Eine Schüssel mit Klarsichtfolie auslegen - die restlichen Kiwis in dünne Scheiben schneiden und die Schüssel sorgfältig damit auslegen, Masse einfüllen und über Nacht im Kühlschrank erstarren lassen - zurückbehaltenen Boden auflegen und stürzen, Folie abziehen.

Von Franziska Gäßler, Kempten

Kiwi-Sahne-Torte

Zutaten:
100 g Butter
125 g Zucker
1 Vanillezucker
150 g Mehl
1/2 P. Backpulver
4 Eigelb
etwas Milch

4 Eiweiß
200 g Zucker
50 g Mandeln blättrig

5-6 Kiwis
2 Tortenguß
2 Becher Sahne
2 Sahnesteif

Butter, Zucker, Vanillezucker, Eigelb, Milch schaumig rühren, Mehl und Backpulver dazu.
Eiweiß mit Zucker steif schlagen.
Zwei Kuchenformen mit Backpapier auslegen (zwischen Rand und Boden einklemmen).
Rührteig daraufgeben, Eischnee und Mandeln darüber.
Beide Kuchenformen backen bei 170° C – ca. 20 bis 25 Minuten.
Kiwi schälen, klein schneiden, in fertigen Tortenguß geben, einen der beiden Kuchen als Boden nehmen, Tortenring darum, Kiwis im Tortenguß daraufgeben, Sahne darauf und den zweiten Boden als Deckel aufsetzen.

Von Rosmarie Keck, Oberstaufen-Buflings

Kiwitorte mit Baiser

Zutaten:
150 g Butter
125 g Zucker
6 Eigelb
200 g Mehl
1/2 TL Backpulver
Rührteigmenge für 2 Böden

6 Eiweiß
200 g Zucker
100 g geh. Mandeln
Baisermasse für beide Böden

2 Becher Sahne
2 P. Sahnesteif
2 P. Tortenguß weiß
7 Kiwis

Rührteig herstellen, auf zwei Böden teilen.
Baisermasse darauf verteilen und bei 175° C 25 Minuten backen.
Tortenguß herstellen, 6 Kiwis in Scheiben dazu, etwas abkühlen lassen.
Einen Boden auf eine Tortenplatte setzen, Tortenring umlegen, mit Sahne bestreichen.
Abgekühlte Tortenguß Kiwimasse darauf, mit Sahne bestreichen und zweiten Boden daraufsetzen.
Mit Rest Sahne und Kiwis verzieren.

Von Susi Tauscher, Oberstdorf/Jauchen

Kiwikuppel mit Früchten

Zutaten:
1 Biskuitboden von 4 Eiern

6 Kiwis
1 Dose Früchtemix
6 Blatt Gelatine
3 Becher Sahne
1 Tortenguß klar

Boden durchschneiden; 1/3 beiseite legen, restliche 2/3 in Würfel schneiden.
Kiwis schälen, in Scheiben schneiden, Früchtemix abtropfen, Gelatine einweichen.
Glasschüssel mit Folie auslegen, mit Kiwischeiben auslegen.
Sahne sehr steif schlagen. Früchte und Biskuitwürfel unter die Sahne heben.
Gelatine auflösen und unter die Masse heben, in die Kiwischüssel füllen, Biskuitboden aufdrücken.
Mit Folie abdecken, kalt stellen (mindestens drei Stunden). Auf Platte stürzen, mit Tortenguß überziehen, Rand mit Sahne spritzen.

*Von
Waltraud Bächle-Waibel,
Bettenried-Ofterschwang*

Kiwi-Wein-Torte

Zutaten:
2 Eier
2 EL Wasser
60 g Zucker
100 g Mehl
1 TL Backpulver

Füllung:
1 Päckchen Götterspeise Waldmeister
1/8 l Weißwein
180 g Zucker
200 g Philadelphia Käse
800 g Sahne

Garnitur:
5 Kiwis
1 Tortenguß klar

Aus Eier, Wasser, Zucker, Mehl und Backpulver einen Biskuit backen.
Götterspeise mit Wein 10 Min. quellen lassen, dann mit Zucker erwärmen und abkühlen lassen, Käse und steif geschlagene Sahne verrühren und die Götterspeise unterheben.
Um den Biskuit einen Ring legen und die Creme einfüllen und fest werden lassen.
Zum Garnieren die Kiwis in Scheiben schneiden und den zubereiteten Tortenguß eßlöffelweise darüber geben.

Von Amalie Hörmann, Betzigau/Wieseris

Knusprige Pfirsich-Sahne-Torte

Zutaten:
100 g Butter
1 Prise Salz
100 g Zucker
3 P. Vanillezucker
2 Eier
150 g Mehl
1 TL Backpulver
4 EL Milch
1 Dose Pfirsich
1 Packung (200 g) Choco Crossies
3 EL Mandelblättchen
3 1/2 Becher Sahne à 250 g
2 Sahnesteif

Alle Zutaten verrühren. Boden einer Springform (26 cm) mit Backpapier auslegen, Teig einfüllen. Im vorgeheizten Backofen E-Herd: 175°, Gas: Stufe 2, ca. 20 Minuten backen.
Torte in der Form auskühlen lassen.
Pfirsiche abtropfen lassen. Crossies grob hacken, Mandelblätter in einer trockenen Pfanne goldbraun rösten.
Eine Hälfte der Pfirsiche fein würfeln, restliche Früchte in größere Spalten schneiden.
2 Becher Sahne steif schlagen, mit Vanillezucker und Sahnefestiger, 1 EL Pfirsichwürfel und Crossies unter die Sahne heben, auf den Tortenboden streichen, ca. 30 Minuten kalt stellen. Restliche Sahne schlagen, 2/3 für den Rand, den Rest in den Spritzbeutel und Tuffs auf die Torte spritzen. Pfirsichspalten in die Mitte.

Von Eva Wanner, Weilbach

Malakofftorte mit Nuß-Nougat

Zutaten:
für den Boden:
4 Eier
heißes Wasser
100 g Zucker
75 g Mehl
30 g Speisestärke
10 g Kakao
1/2 gestr. TL Backpulver

für die Füllung:
250 g Quark
2-3 Becher Sahne
1 P. Vanillezucker
ein wenig Nuß-Nougat-Creme
Löffelbiskuit

Boden bei 175-200° C etwa 30 bis 35 Minuten backen.
Quark mit geschlagener Sahne und zerlassener Nuß-Nougat-Creme vorsichtig mischen.
Biskuits in gemischtem Kirschlikör und Kirschwasser tränken.
Boden einmal durchschneiden und auf den unteren Boden Johannisbeergelee streichen, dann die Quarkcreme daraufstreichen. Eine Lage Löffelbiskuit auflegen, dann Quarkcreme und wieder Löffelbiskuit. Auf die Löffelbiskuit kann man nach Belieben noch Rum aufträufeln.
Jetzt den Boden auflegen und mit Schokoglasur verzieren.

Von Johanna Scholz, Krottenhill/Ingenried

Malakofftorte mit Löffelbiskuits

Zutaten:
Ca. 60 Stück Löffelbiskuits

Creme:
1/2 l Milch
150 g Zucker
50 g Vanillepudding
1/2 l Sahne
6 Blatt Gelatine
2 EL Vanillezucker

Tränkflüssigkeit:
1/2 l Kaffee
3 EL Puderzucker
1/8 l Rum

Gelatine in kaltes Wasser einweichen. Einen Vanillepudding herstellen, Gelatine in Pudding rühren, kalt stellen. Geschlagene Sahne unter die Puddingmasse mengen.
Einen Tortenreifen mit Alufolie einschlagen, mit Löffelbiskuits den Boden belegen, mit Rumgemisch tränken, mit Creme bestreichen. Diesen Vorgang wiederholen, bis die Form gefüllt ist.
Einen Tag durchziehen lassen.
Torte aus der Form lösen, mit Mandelblättchen und Biskotten verzieren.
Gut schmeckt, wenn man in die Creme 2 EL Rumgemisch beigibt

„Zum Namenstag von meiner Mutter gemacht"

Von Margret Jäger, Langen bei Bregenz

Malakofftorte mit Rum

Zutaten:
Biskuit:
5 Eier
150 g Zucker
1 P. Vanillezucker
120 g Mehl
60 g Gustin
1 1/2 TL Backpulver
2 TL Kaba

Füllung:
75 g Butter
2 EL Zucker
2 Eigelb
5 EL Rum
3 Blatt Gelatine
1/4 l Sahne

1/2 l Sahne
zum Verzieren

Biskuit bei 180 °C ca. 25 Minuten backen.
Butter, Zucker und Eigelb schaumig rühren. Rum und Gelatine dazugeben.
Sahne schlagen und unterheben.
Den Boden einmal durchschneiden. Die Hälfte der Füllung daraufstreichen, mit Löffelbiskuit belegen. Restliche Füllung und Deckel darauf und mit 1/2 l Sahne verzieren. Mindestens 12 Stunden kalt stellen.
Schmeckt sehr fein und sieht toll aus.

Von Monika Brugger, Seeg-Burk

Marängtorte

Zutaten:
125 g Margarine
80 g Zucker
2 Eigelb
ca. 1/8 l Milch
120 g Mehl
2 TL Backpulver

2 Eiweiß
100 g Zucker
1 P. Vanillezucker

100 g Haselnüsse

1/2 l Sahne
2 Dosen Mandarinen

Rührteig herstellen. Teig auf Backpapier im Blech streichen
Eiweiß steif schlagen, Zucker und Vanillezucker langsam zum Eiweiß geben, Masse sollte steif sein.
Diese Masse auf den Teig verteilen und grob gehackte Haselnüsse darüber verteilen. Ca. 20 Minuten bei 190° C backen.
Nach dem Auskühlen der Breite nach in der Mitte teilen und mit Sahne und Mandarinen füllen.

Von Claudia Pfanner, Scheidegg/Aitzenrente

Mascarponetorte

Zutaten:
für den Biskuit:
100 g Dinkelmehl
50 g Speisestärke
1 Msp. Backpulver
3 Eier
150 g Zucker
1 Vanillezucker

für die Füllung:
4 EL Erdbeerkonfitüre
500 g Schlagsahne
2 P. Vanillezucker
1 P. Sahnefestiger
500 g Quark
500 g Mascarpone
6 EL Zitronensaft
3 EL Zucker

zum Verzieren:
Erdbeeren
Minze
Schoko-Dekorblättchen

Eier, Zucker, Vanillezucker schaumig rühren. Mehl, Speisestärke und Backpulver unterheben. Bei 200° C ca. 20 Minuten backen.
Ausgekühlten Boden zweimal durchschneiden. Böden mit Konfitüre bestreichen. 200 g Sahne, Vanillezucker und Sahnefestiger steif schlagen. Quark, Mascarpone, Zitronensaft und Zucker verrühren, Sahne unterheben. 2 Böden mit je 1/3 der Creme bestreichen, übereinandersetzen und 30 Minuten kalt stellen.
3. Restliche Sahne steif schlagen und die Torte rundum damit bestreichen. Rest Creme als Tuffs auf die Torte spritzen. Mit halbierten Erdbeeren, Minze und Schoko-Dekorblättchen verzieren.

Von Andrea Gabler, Haldenwang/Berg

Maulwurftorte mit Früchten

Zutaten:
6 Eier getrennt
140 g Butter oder Margarine
200 g Zucker
3 P. Vanillezucker
100 g Mehl
1/2 P. Backpulver
100 g Schokoraspeln
1 Dose (314 ml) Mandarinen
2 mittelgroße Bananen
Saft von einer Zitrone
2 Becher à 200 g Sahne
1 P. Sahnefestiger oder 2 TL san-apart

Eier trennen, Fett, Zucker und 1 P. Vanillezucker cremig rühren. Eigelb einzeln unterrühren. Mehl, Backpulver und Schokoraspeln unterrühren, Eiweiß steif schlagen, unterheben, in eine gefettete Springform füllen (26 cm). Im vorgeheizten Backofen 175° C 45 bis 50 Minuten backen.

Auskühlen lassen. Tortenboden die Hälfte abschneiden und zerbröseln. Abgetropfte Mandarinen, Bananen in Scheiben geschnitten und mit dem Zitronensaft beträufeln und die Früchte auf dem Boden verteilen.

Sahne, 2 P. Vanillezucker und Sahnefestiger oder (san-apart) steif schlagen. Kuppelartig auf die Früchte häufeln. Dick mit Krümeln bestreuen, Puderzucker und etwas Kakao darüberstäuben.

Von Rosmarie Brandmaier, Hörmatzen/Seeg

Maulwurftorte mit Bananen

Zutaten:
für den Rührteig:
70 g Butter
2 P. Vanillezucker
6 Eigelb
100 g gem. Nüsse
100 g Schokoraspeln
1 P. Backpulver
6 Eiweiß

für die Füllung:
3-4 Bananen
2 EL Zitronensaft
2 Becher Schlagsahne
2 P. Sahnesteif
50 g Zucker
1 P. Vanillezucker
50 g Schokoraspeln

Rührteig aus den angegebenen Zutaten - bis auf Eiweiß - zubereiten. Eiweiß steif schlagen ,zuletzt unterziehen. Teig in eine Springform geben bei Ober-/Unterhitze 170° -200° C (vorgeheizt) 20-30 Minuten backen.
Boden aus der Form lösen, kalt werden lassen.
Boden aushöhlen (2 cm Rand) stehen lassen!
Für die Füllung: Bananen schälen, flach hinlegen, waagrecht halbieren. Sofort mit Zitronensaft beträufeln, in den ausgehöhlten Boden legen.
Sahne mit Sahnesteif, Zucker und Vanillezucker steif schlagen, Schokoraspel unterheben.
Sahnemasse auf die Bananen geben, kuppelartig verteilen, mit Gebäckkrümeln bestreuen.

Von Anni Schaupp, Pleß

Maulwurf-Sahne-Torte

Zutaten:
für den Rührteig:
6 Eier
140 g weiche Butter
200 g Zucker
1 P. Vanillezucker
100 g Mehl
1/2 P. Backpulver
1 P. (100 g)
Schokoladenraspel
Fett für die Form

Belag:
1 Dose (314 ml)
Mandarinen
2 mittelgroße Bananen
Saft von 1 Zitrone
750 g Sahne
1 Sahnesteif
2 P. Vanillezucker
1 TL Puderzucker
1 TL Kakao

Eier trennen, Fett, Zucker, Vanillezucker cremig rühren, Eigelb einzeln unterrühren, Mehl, Backpulver, Schokoraspel unterrühren, Eiweiß steif schlagen und unterheben.
Teig in Form (26 cm) füllen, im vorgeheizten Backofen E-Herd: 175° C, Umluft: 150° C, Gas: Stufe 2, 45-50 Minuten backen.
Kalt stellen.
Tortenboden bis auf ca. 1 cm breiten Rand mit einem Löffel aushöhlen, Kuchen zerkrümeln, Bananen in Scheiben mit Zitronensaft einreiben, Früchte auf den Boden verteilen, Sahne darauf, mit Kuchenbrösel verzieren.

Von Eva Wanner, Weilbach

Milka-Herzen-Torte

Zutaten:
3 Eier
125 g Zucker
125 g Mehl
1 TL Backpulver
Backpapier für Biskuit

Füllung und Verzierung:
Je 1 Tafel (à 100 g)
Vollmilch- und Zartbitter-
schokolade
3 Eier
150 g weiche Butter
1 P. Vanillezucker
500 g Sahne
2 P. Sahnefestiger
5 mittelgroße Bananen
2 EL Zitronensaft
12-16 Milka-Herzen
2 EL Schokoraspel

Von Eva Wanner, Weilbach

Biskuit mit 3 EL Wasser zubereiten. Backofen vorheizen, auf 200° C (Umluft: 175° C Gas: Stufe 3) 20-25 Minuten backen.
Schokolade im Wasserbad schmelzen, Eier trennen, Eigelb, Butter und Vanillezucker cremig rühren, abgekühlte Schokolade unterrühren. Eiweiß steif schlagen, unterheben, Sahne schlagen, Bananen halbieren, 1 Hälfte beiseite legen. Bananen mit Zitronensaft beträufeln. Tortenrand umlegen.
Bananenhälfte auf dem Boden verteilen. Zuerst Sahne bis auf ca. 4 EL zum Verzieren, dann Schokoladenmasse darauf streichen, Torte ca. 3 Stunden kalt stellen.
Die übrige Banane in Scheiben schneiden, Torte mit Sahnetuffs, Pralinenherzen, Bananenscheiben und Schokoraspel verzieren.

Milkatorte mit Bananen

Zutaten:
Biskuit:
3 Eier
125 g Zucker
125 g Mehl
1 TL Backpulver

1. Belag:
5 Bananen
2 EL Zitronensaft
500 g Sahne
2 P. Sahnefestiger

2. Belag:
Je 1 Tafel Vollmilch- und Zartbitterschokolade
150 g weiche Butter
1 P. Vanillezucker
3 Eigelb
3 Eiweiß (oder 1 Becher Sahne)

Biskuit in 26er-Springform füllen, bei 180° C ca. 20 Minuten backen.
Bananen schälen und halbieren, mit Zitronensaft beträufeln. Schokolade schmelzen, Eier trennen, Eigelb, Butter und Vanillezucker cremig rühren. Abgekühlte Schokolade unterrühren. Eiweiß steif schlagen und unterheben (statt Eiweiß kann auch Sahne genommen werden).
Sahne mit Sahnefestiger steif schlagen, Formrand um den Boden legen. Halbierte Bananen auf dem Boden verteilen. Zuerst Sahne, bis auf ca. 4 Eßlöffel zum Verzieren, dann Schokoladenmasse daraufstreichen. Torte ca. 3 Stunden kühl stellen. Mit Sahnetuffs, Pralinenherzen und Bananenscheiben verzieren.

Von Leni Fimpel,
Leutkirch/ Riedlings

Milkatorte mit Joghurt

Zutaten:

Boden:
80 g Butter
80 g Zucker
5 Eigelb
1 Vanillezucker
200 g gem. Mandeln
100 g geriebene Schokolade
1 TL Backpulver
5 steife Eiweiß

Füllung:
750 g Vanillejoghurt
100 g Zucker
2 Becher Sahne
8 Blatt Gelatine

Guß:
1 Tasse Milch
2 Tafeln Vollmilchschokolade
2 Blatt Gelatine

Butter, Zucker, Eigelb und Vanillezucker schaumig rühren, gem. Mandeln, Schokolade, Backpulver und steif geschlagenes Eiweiß unterheben, bei 180° C backen.
Füllung: Joghurt mit Zucker verrühren, Gelatine zugeben, steife Sahne unterheben, auf Boden geben.
Guß: Schokolade in Milch auflösen, Gelatine zugeben, erkaltet auf die schon feste Joghurtmasse geben.
Mit Sahne und Milkaherzen verzieren.

Von Margit Angerhofer, Bernbeuren-Oberreimenau

„Der jüngste Enkel in Omas Küche"

Mokka-Sahne-Torte

Zutaten:
Boden:
4 Eigelb
2 EL lauwarmes Wasser
150 g Zucker
1 P. Vanillezucker
4 Eiweiß
100 g Mehl
100 g Gustin
2 gestr. TL Backpulver

Füllung:
2 Kaffeelöffel Kaffeepulver
1/2 l Sahne
75-100 g Puderzucker
3 P. Sahnesteif
1 Vanillezucker

Biskuitboden herstellen, bei ca. 175° C 20-30 Minuten backen.
Sahne steif schlagen, Puderzucker und Sahnesteif zugeben, Kaffeepulver unterrühren. Boden zweimal durchschneiden (Boden sollte kalt sein), Füllung gleichmäßig daraufstreichen!

Schmeckt super!

Von Centa Schmuck, Buchenberg-Weinharz

Mokkatorte extrafein

Zutaten:
6 Eier
250 g Zucker
250 g Mehl
6 EL Wasser
1 Msp. Backpulver

3 Becher Sahne
100 g Mokka-Schokolade
4 EL starker Kaffee
2 EL gesiebter Kakao
etwas Zucker

2 Becher Sahne
2 P. Sahnesteif
1 EL Zucker
2 EL Rum

Aus den Eiern, Zucker, Mehl, Wasser und Backpulver einen hellen Biskuitboden backen.
Am nächsten Tag den erkalteten Boden dreimal durchschneiden.
Sahne schlagen, Mokka-Schokolade leicht erwärmen und mit starkem Kaffee verrühren und mit gesiebtem Kakao und etwas Zucker unter die Sahne rühren.
2 Becher Sahne mit Sahnesteif aufschlagen, Zucker und 2 EL Rum zugeben.
Den untersten Boden mit Mokkasahne bestreichen, nächsten Boden auflegen, mit Marmelade bestreichen und mit Rumsahne, dritten Boden auflegen, mit Mokkasahne bestreichen, Deckel auflegen, mit restlicher Mokkasahne bestreichen.
Die restliche Rumsahne aufspritzen.

Von Monika Seitz, Buch/Friesenhofen

Multikuchen

Zutaten:
1/2 Biskuitboden

1/2 l Multisaft
1 P. Pudding (Vanille)

Bananen
2 Becher Sahne
Eierlikör

Biskuitboden mit Marmelade bestreichen und mit halben Bananen auslegen. Multisaft mit Vanillepudding kochen, Tortenring um Kuchen legen, Pudding darauf verteilen, auskühlen lassen. Sahne steif schlagen, zuerst verzieren, dann Eierlikör nach Geschmack daraufgeben. Geht ganz schnell!

Von Andrea Schmid, Oberschönegg

Mousse-au-Chocolat-Torte

Zutaten:
6 Eigelb
180 g Zucker
1 P. Vanillezucker
6 Eiweiß
80 g Mehl
60 g Speisestärke
60 g Kakaopulver

Schokoladenbiskuit herstelle (ca. 25 Min. bei 180° C). Nach dem Abkühlen halbieren. Zusätzlich benötigen wir noch einen niederen hellen Biskuit.

Für die erste Füllung: Sahne mit Mousse-au-Chocolat-Pulver steif schlagen. Dunklen Kuchenboden mit Birnen belegen, mit 2/3 der Sahnecreme überstreichen (natürlich mit Tortenring).

für die 1. Füllung:
3 Becher Sahne
2 P. Mousse au Chocolat
von Dr. Oetker

für die 2. Füllung:
3 Becher Sahne à 200 g
Sahnesteif
3 EL Kaba

Vom hellen Biskuit 3 Kreise ausstechen. Kreis 1 und 3 auf die Füllung legen, den Zwischenraum mit der Restcreme ausfüllen.

Für die 2. Füllung: Sahne mit Sahnesteif schlagen. Kaba unterheben, eine dünne Schicht auf den Kuchen streichen. Vom dunklen Boden 4 Kreise ausstechen.
Kreis 1 (Kreis 2 vom hellen Boden) und Kreis 3 auf den Kuchen legen. Von der Sahne die Hälfte nehmen. Kreis 2 und 4 einbröseln und unterheben und auf den Kuchen streichen. Schokolade grob raspeln, daraufgeben.
Den Tortenrand und die Torte verzieren.
Kalt stellen.

Von Monika Reiser, Haldenwang/Pfaffenhofen

Nuß-Krokant-Torte

Zutaten:
5 Eigelb
5 EL warmes Wasser
275 g Zucker
5 Eiweiß
1 Prise Salz
150 g Mehl
2 TL Backpulver
100 g gem. Nüsse
Butter zum Einfetten
Mehl zum Bestäuben

Eigelb mit Wasser und Zucker weißschaumig, Eiweiß mit Salz schnittfest schlagen. Eischnee auf die Eigelbcreme gleiten lassen und zusammen mit dem Mehl, den Nüssen und dem Backpulver locker unterheben.
Den Teig 35-40 Minuten im 180° C (Gas: Stufe 2) heißen Ofen backen, auf Kuchengitter auskühlen lassen.
Sahne mit Puder- und Vanillezucker sehr steif schlagen und gut 1/2 davon beiseite stellen. Etwa 1/2 des Krokants unter die restliche

Außerdem benötigt:
1 l Sahne
2 EL Puderzucker
1 P. Vanillezucker
4 EL Nußlikör oder Weinbrand
150-200 g Nuß-Krokant
16 kandierte Nüsse

Sahne heben. Die Torte zweimal waagrecht durchschneiden und die Böden mit Alkohol beträufeln. Mit der Krokantsahne bestreichen, zur Torte zusammensetzen und rundherum mit der übrigen Sahne bestreichen, den Rand mit dem restlichen Krokant verzieren. Auf der Oberfläche 16 Stücke markieren und jedes mit einer kandierten Nuß verzieren.

Für den Nuß-Krokant:
175 g Zucker in einer Pfanne karamelisieren, gehackte Nüsse darin wenden und sofort auf Alufolie streichen. Abkühlen lassen, dann zerbröseln und mit dem Nudelholz sehr fein zerdrücken.

Tip: Diese Torte schmeckt besonders gut, wenn man Walnüsse verwendet.

„Remig wollte unbedingt mit aufs Foto“

Von Maria Kögel, Spitalhof, Weitnau/Wengen

Nußtorte Bürgermeisterin

Zutaten:
200 g Zucker
8 Eigelb
200 g gemahlene Haselnüsse
100 g Mehl
8 Eiweiß
100 g Zucker
3 Eiweiße
50 g Zucker
1 EL gemahlene Haselnüsse
1/2 l Milch
2 EL Zucker
1 P. Vanillepuddingpulver
3 Eigelb
4 Blatt Gelatine
200 g Marzipan-Rohmasse
60 g Puderzucker
50 g Puderzucker
3-4 EL Zitronensaft
Walnußhälften

Backofen auf 190° C vorheizen. Zucker mit Eigelb schaumig rühren, Haselnüsse dazugeben.

Eiweiß mit Zucker steif schlagen. Eigelbmasse und Mehl unterheben. In eine Kuchenform füllen und 60 Minuten backen.

Den abgekühlten Boden einmal durchschneiden.

Gelatine einweichen. Aus Milch, Zucker, Puddingpulver einen Pudding kochen. Gelatine und Eigelb unterrühren.

Das Eiweiß mit Zucker steif schlagen und mit den Haselnüssen unter den Pudding heben.

Einen Tortenring um den Boden stellen und mit der abgekühlten Puddingmasse füllen und den zweiten Boden darauflegen.

Die Marzipan-Rohmasse mit Puderzucker verkneten, rund ausrollen und leicht auf die Torte drücken.

Puderzucker mit Zitronensaft verrühren, die Torte damit bestreichen.

Mit Marzipanmasse oder Walnußhälften garnieren.

Von Angelika Peter, Hofs/Wiggensbach

Napoleonstorte

Zutaten:
140 g Butter
140 g Zucker
3 Eigelb
1 Ei

140 g Mandeln
100 g Blockschokolade
30 g Mutschelmehl
3 Eiweiß

4 Bananen
2 Becher Sahne
Schokoraspeln

Butter schaumig rühren, Zucker, Eigelb und Ei dazugeben, Mandeln, Blockschokolade und Mutschelmehl unterrühren, Eiweiß zu Schnee schlagen und unterheben.
45 Minuten backen bei 175° C.

Den Boden auskühlen lassen. In der Zwischenzeit Bananen mit einer Gabel zerdrücken und auf dem Kuchen verstreichen. Sahne steif schlagen, auf den Kuchen streichen und mit Schokoraspeln verzieren.

Pfirsich-(Ananas)-Sahne-Krümel-Torte

Zutaten:
1 Tafel Zartbitter
4 Eier
100 g Zucker
75 g Mehl
30 g Speisestärke
1 TL Backpulver
50 g gem. Haselnüsse
1 Dose Pfirsiche, geschnittene (oder Ananas)
2 Becher Sahne
2 Sahnesteif
1 P. Vanillezucker
1/2 TL Kakao

Schokolade grob raspeln, Eier trennen, Eiweiß steif schlagen, Zucker nach und nach einrieseln lassen. Eigelb unterrühren. Mehl, Speisestärke, Backpulver, Haselnüsse und die Hälfte der geraspelten Schokolade unterheben.
Bei vorgeheiztem Backofen auf 200° C ca. 30 Minuten backen. Erkalten lassen. Kuchen aushöhlen, ca. 2 cm vom Rand stehen lassen.
Sahne schlagen, Kuchenkrümel, Zucker, Pfirsiche und Schokolade dazugeben. Etwas Schokolade und Pfirsiche zum Verzieren übriglassen und in den ausgehöhlten Kuchen einfüllen. Verzieren!!

Von Lucia Simmer, Wolfertschwenden

Pfirsich-Aprikosen-Torte

Biskuit:
3 Eier
60 g Zucker
100 g Mehl
1 TL Backpulver

1 Dose Pfirsich
1/2 l Aprikosensaft
2 P. Vanillepuddingpulver

2 Becher Sahne
250 g Quark
60 g Zucker
6 Blatt Gelatine

Biskuit herstellen und auf 180° C backen.
Pfirsich klein schneiden, etwas für die Garnitur beiseite legen.
Aprikosensaft mit Vanillepuddingpulver zu Pudding kochen und die Pfirsiche hineingeben.
Tortenring um den abgekühlten Biskuit geben und Puddingmasse darauf verteilen.
Sahne steif schlagen, Quark mit Zucker und aufgelöster Gelatine verrühren. Quark dann unter die Sahne heben und auf Pfirsichmasse geben. Mit restlichen Pfirsichen garnieren und kalt stellen.

Von Margit Haggenmüller, Muthmannshofen/Oberegg

Pfirsich-Maracuja-Torte

Zutaten:
ein heller Tortenboden

1 Dose Pfirsiche
4 EL Speisestärke
2 Becher Sahne
1 Päckchen Aranka
„Maracuja Aprikose“
Joghurt

Einen hellen Tortenboden backen und in der Mitte durchschneiden.
Eine Dose Pfirsiche in Würfel schneiden, den Saft aufkochen und mit 4 EL Speisestärke aufkochen und binden. Vom Herd nehmen, ein bißchen auskühlen lassen, danach Würfel dazu und auf den halben Tortenboden (vorher Ring herum) streichen. 2 Becher Sahne schlagen und darauf verteilen.
Ein Päckchen Aranka „Maracuja-Aprikose-Geschmack“ nach Anweisung herstellen (mit Joghurt machen) und als Guß obendrauf verteilen – kalt stellen.

„Schmeckt wirklich super und ist schnell gemacht.“

Von Hannelore Gebele, Böhen/Berg

Philadelphiatorte

Zutaten:
125 g Margarine
200 g Philadelphia Käse
1/2 l Sahne
7 EL Zucker
1 Zitrone (Saft)
2 P. Vanillezucker
1 P. Zitronengötterspeise oder Waldmeister

1 Tasse Wasser
24 Löffelbiskuits

Bis auf 5 Stangen die Löffelbiskuits mit der Nußscheibe zerreiben und mit Margarine gut vermischen. Eine Springform mit Öl einpinseln und den Teig auf den Boden breit drücken (ohne Rand) oder Biskuitboden von 2 Eiern herstellen.
Die Götterspeise mit 1 Tasse Wasser in einem Topf anrühren und 10 Minuten quellen lassen, erhitzen bis alles aufgelöst ist, nicht kochen.
Inzwischen den Käse, 4 EL Zucker, 2 P. Vanillezucker und den Zitronensaft gut verrühren. Die Götterspeise in die Käsemasse geben, mit dem restlichen Zucker geschlagene Sahne unter die Masse geben und die Tortenform füllen und in den Kühlschrank stellen. Nach 2-3 Stunden ist die Torte schnittfest. Vor dem Servieren die restlichen Biskuits zerreiben und auf die Torte streuen.

Von Marluise Stölzle, Oberschönegg

Pralinentorte

Zutaten:
1 Schokoladenbiskuit
Tortenboden

für die Füllung:
2 Eier
100 g Zucker
2 Gläschen Kirschlikör
3 EL Rum
100 g gehobelte
Zartbitterschokolade
4 Becher Sahne
9 Blatt Gelatine

Dunklen Tortenboden zweimal durchschneiden. Den unteren und oberen Boden mit Rum tränken. Für die Füllung Eier mit Zucker schaumig rühren, Likör, Rum und Schokolade zugeben. Unter die geschlagene Sahne die aufgelöste Gelatine ziehen und mit der Eimasse mischen. Die Creme im Kühlschrank etwas ansteifen lassen.
Damit die Torte füllen. Zum Schluß die fertige Torte mit Sahne überziehen und nach Belieben verzieren.
Kann gut einen Tag vorher zubereitet werden!

Von Hildegard Kolb,
Heimenkirch/Mapprechts

Preiselbeerroulade

Eiweiß steif schlagen, Eigelb, Zucker mitschlagen. Die übrigen Zutaten unterheben. Auf das mit Backpapier ausgelegte Blech streichen.

15 Minuten bei 250° C backen. Auf dem Backblech auskühlen lassen.

Kuchen mit Rum tränken. Preiselbeeren verteilen, fast 2/3 Sahne darüberstreichen und rollen. Den Rest Sahne ringsum bestreichen und mit Schokostreusel bestreuen.

Es können auch Johannisbeeren verwendet werden. Und für Kinder tränkt man die halbe Rolle einfach mit Saft. Schmeckt auch sehr gut.

Zutaten:
5 Eier
200 g Zucker
150 g Mehl
50 g Mondamin
1 Prise Salz
1 Msp. Backpulver
1 P. Vanillezucker
3 EL Kaba

für die Füllung:
1/2 Tasse Strohrum
(Kirschwasser)
1 Glas Preiselbeeren
3 Becher Sahne (250 g)
2 Sahnesteif

„Zum Empfang oder wenn das Wetter schlecht ist, lade ich unsere Urlaubsgäste zu Kaffee und Kuchen ein."

Von Maria Meusburger, Niedersonthofen/Gopprechts

Prinzentorte

Zutaten:
70 g Butter
140 g Zucker
6 Eier
100 g Mandeln
50 g Instant
100 g Haferflocken
250 g geriebene
Zartbitterschokolade
2 EL Rum
1 Päckchen Backpulver
2 EL Mehl

Füllung:
1/2 l geschlagene Sahne
1 Päckchen Vanillezucker
2 EL Rum
2 EL Instant-Flocken
12 Schokoladenreliefs

Butter, Zucker und Eigelb schaumig schlagen. Mandeln, Haferflocken, Schokolade, Rum und mit Backpulver vermischtes Mehl unterheben, steif geschlagenes Eiweiß unterziehen. Teig in einer Springform (26 cm) bei 175° C 30 Minuten backen. Nach dem Erkalten in den Tortenboden eine Mulde schneiden. Das Ausgehöhlte zerkrümeln. 2/3 der geschlagenen Sahne mit Vanillezucker, Rum, Haferflocken, Schokolade und Tortenkrümeln vermischen und in die Mulde füllen. Mit der restlichen Sahne und Schokorelief´s die Torte garnieren.

Von Elisabeth Senn,
Füssen/Erkenbollingen

Prinzregententorte

Zutaten:
für den Boden:
250 g Butter
250 g Zucker
4 Eier
etwas Zitronenschale
125 g Mehl
125 g Stärkemehl
1 TL Backpulver

für die Creme:
1/2 l Milch
1 P. Vanillepudding
2 Eigelb
100 g Zucker
250 Butter
50 g Kakaopulver
50 g Backschokolade
200 g Schokoladenglasur

Butter schaumig rühren, Zucker und Eigelb während des Rührens im Wechsel dazugeben, Mehl unterrühren, zuletzt Eischnee vorsichtig unterheben. Diese Masse dünn auf ein Backblech streichen und bei 220° C 5-7 Minuten backen. Ergibt ca. 6 Böden. Je nach Kuchengröße Rezept beliebig erweitern.
Aus der Milch, dem Puddingpulver, dem Eigelb und dem Zucker einen Pudding kochen, abkühlen lassen. Butter schaumig rühren und mit dem Kakao und der geschmolzenen Blockschokolade löffelweise unterziehen.

Von Elfriede Englhard, Babenhausen

Quenchtorte

Zutaten:
Biskuitboden:
6 Eier, getrennt
6 EL warmes Wasser
240 g Zucker
2 P. Vanillezucker
200 g Mehl
2 TL Backpulver, gesiebt

Füllung:
2 Becher Schmand
3 EL Quench, verrühren
2 Becher Sahne
3 Sahnesteif, steif schlagen, unterheben

Belag:
Früchte nach Wahl
1 Tortenguß
1 EL Quench

Biskuitboden herstellen.
Schmand und Quench verrühren, Sahne mit Sahnesteif steif schlagen, unterheben.
Biskuitboden 1x durchschneiden, Füllung hineingeben, etwas davon auf Rand und Deckel auftragen.
Mit Früchten nach Wahl belegen, Tortenguß mit 1 EL Quench herstellen und darübergeben.
Kein extra Zucker verwenden, Torte schmeckt fruchtig und erfrischt.

Von Birgit Rauh, Finken/Lauben-Heising

Raffaello-Himbeer-Torte

Zutaten:
50 g Kokosraspeln

125 g Butter
125 g Zucker
4 Eigelb
1 P. Vanillezucker
100 g Mehl
3 TL gestr. Backpulver
4 Eiweiß

1 Pck. Raffaello-Kugeln
500 g Schlagsahne
1 EL Zucker
2 P. Sahnesteif

250 g Himbeeren
100 g Aprikosenkonfitüre
1 EL Kokosraspeln

Kokosraspeln in einer trockenen Pfanne anrösten. Aus Butter, Zucker, Eigelb und Vanillezucker eine Schaummasse herstellen. Mehl und Backpulver mischen, mit Kokosraspeln zur Schaummasse geben.
Steif geschlagenen Eischnee unterheben.
In gefettete, gebröselte 26-cm-Springform geben, E-Herd 175° C/Heißluft 150° C/Gas Stufe 2, 30 Minuten backen. Auskühlen lassen. Tortenboden aushöhlen bis auf 1 cm Rand. Das Innere zerbröseln.
14 Raffaello-Kugeln hacken. Schlagsahne mit Zucker und Sahnesteif schlagen. Himbeeren (frisch oder gefroren) und die o. g. gehackten Raffaellos unterheben. Die Masse kuppelartig auf den ausgehöhlten Boden geben.
Rand mit Aprikosenkonfitüre bestreichen. Brösel andrücken.
8 Raffaello-Kugeln halbieren, Torte damit und evtl. mit Himbeeren verzieren. 1 EL Kokosraspeln darüberstreuen.

„Die Torte geht schnell und ist wegen der Himbeeren erfrischend."

Von M. Steigruber, Pähl/Aidenried

Raffaello-Schoko-Torte

Zutaten:
für den Teig:
4 Eier, getrennt
100 g Zucker fein
100 g Mehl
1/2 TL Backpulver

100 g Kokosraspeln
2 P. Sahnesteif
3 Becher Sahne
2 Tafeln weiße Schokolade

Biskuitboden backen, auskühlen lassen, ein Becher Sahne erwärmen und darin die Schokolade schmelzen (nicht kochen), erkalten lassen.

Biskuitboden in 2/3 und 1/3 teilen, die 2/3 in Flocken reißen, 1/3 als Boden lassen. Die geschmolzene kalte Schokolade wie Sahne schlagen. 2 Becher Sahne mit Sahnesteif schlagen, mit Schokolade, Kokosraspeln und Biskuitflocken gut mischen, mit etwas Sahne bestreichen und Kokosraspeln bestreuen.

Von Ulrike Scholz,
Ried/Bernbeuren

Rätzeltorte

Zutaten:
Biskuit:
3 Eier trennen
90 g Zucker
90 g Mehl
1 TL Backpulver

Belag:
1/2 l Milch
1 P. Vanillepudding
4 EL Zucker

4 Blatt Gelatine
2 Becher Schlagsahne

Orangenlikör
Löffelbiskuits
Bananen
1 Becher Sahne
Eierlikör

Biskuit herstellen, bei 180° C 15-20 Minuten backen. Vanillepudding herstellen, am besten mit der Küchenmaschine abkühlen lassen. Der Pudding wird durch das Schlagen viel lockerer. Gelatine einweichen – auflösen, Schlagsahne steif schlagen und mit der aufgelösten Gelatine unter den Pudding ziehen.

Die 1/2 Masse auf den Biskuit streichen, mit Likör oder Orangensaft getränkten Löffelbiskuits und ganzen Bananen einlegen. Andere Hälfte Vanillecreme drübergeben.

Verzierung: 1 Becher Sahne schlagen, mit Spritzbeutel Kleckse spritzen und mit Eierlikör feine Fäden drüberziehen, verzieren.

Von Inge Gromer, Wiggensbach-Hitzlo

Rhabarbertorte

Zutaten:
Knetteig:
125 g Mehl
40 g Zucker
1 Pr. Salz
20 g Kokosraspeln
75 g Margarine
1 EL rote Marmelade
1 EL Wasser

Biskuitteig:
2 Eier
50 g Zucker
50 g Mehl
evtl. Backpulver

Rhabarbercreme:
750 g Rhabarber
1 Zitronenschale
200 g Zucker
5 Blatt weiße Gelatine
5 Blatt rote Gelatine
1/2 l Schlagsahne
1 P. Vanillezucker

Knetteig herstellen und auf einem Springformboden ausrollen und bei 200° C ca. 10 Minuten backen. Die Marmelade mit dem Wasser verrühren und auf den heißen Boden streichen.
Biskuitteig erstellen: Schaummasse aus ganzen Eiern und Zucker herstellen, Mehl unterheben, dann auf den Knetteig geben und bei 180° C weiter 10 Minuten backen.
Rhabarber in Stücke schneiden und mit dem Zucker und der Zitrone durchkochen, die kalt eingeweichte Gelatine hinzufügen und gelieren lassen. Wenn die Masse geliert, die geschlagene Sahne unterheben, einen Tortenring um den Boden legen und die Masse draufgeben, fest werden lassen.

Von Roswitha Köhler, Oberstaufen-Kalzhofen

Rhabarber-Sahne-Torte

Zutaten:
für Biskuitboden:
4 Eier
4 EL Wasser
150 g Zucker
1 P. Vanillezucker
100 g Speisestärke
100 g Mehl
1/2 TL Backpulver

für die Füllung:
500 g Rhabarber
200 g Zucker
12 Blatt Gelatine
500 g Magerquark
2 P. Vanillezucker
400 g Sahne

Verzierung:
100 g Sahne
1 P. Vanillezucker
gehackte Pistazienkerne

Biskuitteig herstellen, bei 200° C 30 Minuten backen.
Tortenboden am nächsten Tag einmal quer durchschneiden. Einen der Böden in 19 gleich große Tortenstücke schneiden.
Rhabarber und Zucker aufkochen und mit Mixstab vermixen. Eingeweichte Gelatine in das heiße Rhabarberkompott geben. Wenn das Rhabarberkompott zu erstarren beginnt, den Quark und die Schlagsahne unterrühren.
Den ungekühlten Tortenboden in einen Tortenring legen. Die Rhabarber-Sahne- Creme auf den Tortenboden füllen und die Oberfläche glattstreichen. Den gekühlten Tortenboden obenauf legen. Die Torte im Kühlschrank fest werden lassen, dann aus der Form lösen und mit dem Puderzucker besieben. Auf jedes Tortenstück eine Sahnerosette spritzen und mit gehackten Pistazienkernen bestreuen.

Von Isolde Hirscher, Leutkirch-Kesselbrunn

Rumbombe

Zutaten:
Biskuitboden von 6 Eiern

für die Rummasse:
1/4 l Milch
1 P. Vanillezucker
30 g Butter
2 Eier
125 g Zucker

Biskuitboden backen. Den Boden auseinanderschneiden und 2/3 in eine Schüssel bröckeln. Die Zutaten für die Rummasse in einen Topf mischen und einmal aufwellen lassen. (Vorsicht - brennt leicht an!)
Den restlichen Boden mit Fruchtsaft tränken und mit eingeweichten Birnenachteln belegen. Nun 200 g Butter schaumig rühren, 8 EL Rum und die abgekühlte Rummasse dazugeben. Das Ganze unter die Biskuitwürfel geben und gut vermischen. Die Masse über die Birnen geben und zu einer „Kuppel" oder „Bombe" formen. Zum Schluß mit 150 g Schokoladenglasur überziehen und etwa 24 Stunden durchziehen lassen.

Von Margit Fink, Oberstaufen/Hagspiel

Rum-Kirsch-Torte

Zutaten:

Nußbiskuit:

4 Eigelb
2 EL heißes Wasser
60 g Zucker
80 g gemahlene Nüsse
30 g Mehl
20 g Stärkemehl
4 Eiweiß
60 g Zucker

für die Füllung:

1 kleines Glas Schattenmorellen
5 EL Puddingpulver
150 g Zucker
3 EL Rum

4 Blatt Gelatine
5 EL Rum
500 g Sahne
100 g gehackte Kuvertüre

Nußbiskuit backen: Backzeit 30 Minuten bei 180° C.
Für die Füllung: Schattenmorellen abgießen. Den Saft mit Puddingpulver und Zucker andicken, Kirschen und 3 EL Rum zugeben, erkalten lassen.
Dann 4 Blatt Gelatine einweichen, lösen, 5 EL Rum unterziehen, mit geschlagener Sahne und gehackter Kuvertüre mischen.
Tortenboden teilen, die Kirschmasse aufstreichen und die Hälfte der Sahne kuppelförmig verteilen, den 2. Boden andrücken. Die Torte mit der Rumsahne einstreichen, mit Sahnetupfen und Kirschen verzieren.
2 Stunden kalt stellen.

Von Carola Schleich, Aitrang/Binnings

Sahnige Giottotorte

Fett und Zucker cremig rühren. Eier nacheinander unterrühren. Gemahlene Nüsse, Mehl und Backpulver mischen und kurz unterrühren.
Eine Springform (26 cm) fetten, Teig darin glatt streichen.

Zutaten:
150 g Butter/Margarine
150 g Zucker
4 Eier
200 g gem. Haselnüsse
50 g Mehl
1 TL Backpulver
Fett für die Form
2 P. à 40 Stück gefülltes Haselnuß-Konfekt (z.B. Giotto-Kugeln)
60 g Haselnußblättchen
2 EL Aprikosenkonfitüre
1 P. Vanillezucker

Im heißen Backofen (E-Herd: 175° C/Umluft: 150° C/ Gas: Stufe 2) 30-35 Minuten backen. Auskühlen lassen.
Boden auf eine Tortenplatte setzen. Formrand darumschließen. Konfekt bis auf 18 Kugeln und zerdrücken. 600 g Sahne und Sahnefestiger steif schlagen. Sahne und Konfektmasse vorsichtig mischen und auf den Boden streichen. Ca. 1 Stunde kühl stellen.
Haselnußblättchen rösten. Torte aus dem Ring lösen. Konfitüre erhitzen, glatt rühren. Tortenrand damit bestreichen, Nüsse andrücken. Evtl. 150 g Sahne und Vanillezucker steif schlagen. Torte mit Sahne und den übrigen Kugeln verzieren.

Von Fanny Herz, Betzigau/Leiterberg und Maria Eckel, Buch

Schichttorte

Zutaten:
für den Brandteig:
1/4 l Wasser
50 g Butter
1 Pr. Salz
150 g Mehl
4 Eier

200 g Sahne
1 EL Zucker
Obst wie zum Beispiel Himbeere, Erdbeere oder Johannisbeeren ca. 250 g
Puderzucker

Brandteig Schritt für Schritt zubereiten: Wasser, Fett und Salz in einem geschlossenen Topf zum Kochen bringen.

Topf von der Herdstelle nehmen. Temperatur klein stellen. Mehl auf einmal in den Topf geben und sofort von Hand mit einem Schneebesen kräftig verrühren. Topf wieder auf die Herdplatte setzen und so lange rühren, bis am Topfboden ein weißer Belag entsteht und bis sich aus dem Teig ein Kloß gebildet hat. Ein Ei aufschlagen, zum heißen Teig geben und sofort verschlagen. Teig etwas abkühlen lassen. Die restlichen Eier aufschlagen und nach und nach unter den Teig schlagen. Der Teig muß in langen Spitzen vom Löffel fallen.

Backofen vorheizen auf 220° C. Abgebacken wird bei einer Temperatur von 200° C ca. 15 Minuten.

Auf das Backblech eine (Femina) Folie legen. Darauf einen Kuchenring (oder von Femina) setzen und ganz dünn mit einem Löffel den Brandteig hineingeben und verteilen.

In den Backofen geben und bei einer Temperatur von 200° C ca. 10-15 Minuten goldgelb aufbacken. Bei Umluftherden kann man gleich zwei Lagen hineingeben. Aus dem

Christine Winter präsentiert den fertigen Kuchen

Brandteig ca. 4-5 Lagen herausbacken.
Die Lagen oder Schichten langsam auskühlen lassen.
Sahne mit Zucker verrühren. Obst je nach Belieben zur Sahne dazugeben. Zuerst die erste Lage Brandteig auf die Tortenplatte legen. Dann ganz dünn die Obstschicht z.B. Himbeere mit Sahne verstreichen. Dann die nächste Lage drauf. Wieder die Obstschicht drauf. Bei der letzten Lage als Abschluß Puderzucker darauf verteilen.

Von Barbara Winter, Peterstthal/Binzen

Schneeballtorte

Zutaten:
Biskuitboden:
3 Eiweiß
100 g Zucker
3 Eigelb
1 P. Vanillepuddingpulver
100 g Mehl

Biskuitboden herstellen, dabei Vanillepuddingpulver bis auf 100 g Mehl aufwiegen, ca. 15 Minuten backen bei 170° C.

Für die 1. Füllung: 6 Blatt Gelatine einweichen und auflösen.
Schmand mit Vanillezucker und Zucker mit Schneebesen verrühren. Aufgelöste Gelatine und Mandarinensaft langsam unterheben. Diese Masse auf den ausgekühlten Biskuit-

1. Füllung:
6 Blatt Gelatine
600 g Schmand
2 P. Vanillezucker
2 EL Zucker
1/8 l Mandarinensaft

2. Füllung:
6 Blatt Gelatine
600 g Sahne
3 P. Vanillezucker
100 g Getränkepulver Orange

boden, der mit den Mandarinen belegt ist und einen Ring außen hat, darauf verteilen. – Kühl stellen!!

Für die 2. Füllung:
6 Blatt Gelatine einweichen und auflösen, Sahne schlagen und Vanillezucker zufügen. Getränkepulver Orange in 1/2 Tasse kaltem Wasser auflösen und langsam dazugeben, ebenfalls die aufgelöste Gelatine ca. 2 Stunden kühl stellen. Danach mit Eislöffel Kugel formen und auf die erste Füllung setzen. Mit Kakao etwas bestäuben.

Von Stefanie Herz, Ermengerst-Wiggensbach

Schneewittchenkuchen

Zutaten:
für den Teig:
100 g Butter
150 g Zucker
1 P. Vanillezucker
3 Eier
200 g Mehl
2 TL Backpulver
1/16 l Milch
2 EL Kaba
1 Glas Sauerkirschen

für den Belag:
250 g Quark
2 Becher Sahne
1 Sahnesteif
Vanillezucker
Zucker nach Belieben

Guß:
1 P. Tortenguß
1/4 l Kirschsaft

Die Zutaten zu einem Rührteig verarbeiten. Die Hälfte des Teiges in Springform geben, die zweite Hälfte mit Kaba verrühren, auf den hellen Teig geben, Sauerkirschen darauf verteilen. Bei 175° C ca. 50 Minuten backen.
Nach dem Erkalten Tortenring anbringen und die Quarkmasse daraufgeben.
Für den Guß: 1 P. Tortenguß (rot) mit 1/4 l Kirschsaft aufkochen und gleichmäßig auf der Quarkmasse verteilen. Kühl stellen.

Von Regina Stärk, Marktoberdorf/Rieder und Barbara Schön, Haldenwang

Schneller Bienenstich

Zutaten:
4 Eier
160 g Zucker
1 P. Vanillezucker
160 g Mehl
1 TL Backpulver
80 g Mandelblättchen

2 Becher Sahne
1 P. Paradiescreme Vanille

Eier schaumig schlagen, Zucker einrieseln lassen und mit Vanillezucker weiterschlagen, bis eine schöne Schaummasse entsteht.
Mehl und Backpulver unterheben.
Biskuit in eine Springform füllen und mit 80 g Mandelblätter bestreuen, bei 180° C 15 Minuten backen.
Sahne anschlagen, 1 P. Paradiescreme Vanille zufügen und fertigschlagen.
Tortenboden teilen und mit Creme füllen.

Schmeckt wie ein „Richtiger"!

Von Elisabeth Bechteler, Oberrente/Irsengrund

Schoko-Bananen-Torte

Zutaten:
Biskuitteig:
2 Eier
2 EL warmes Wasser
100 g Zucker
1 P. Vanillezucker
50 g Mehl
50 g Speisestärke
1 TL Backpulver

Biskuitteig zubereiten. Den Kuchen abkühlen lassen.
6 Bananen halbieren und damit den Kuchen belegen.
400 g Sahne mit 2 P. Sahnesteif steif schlagen, 4 EL Kaba hinzufügen und damit den Kuchen bestreichen.
Zum Garnieren eignen sich Schokoraspel.

Von Birgit Wirth, Bad Wurzach/Schönbuch

Schoko-Birnen-Torte

Zutaten:
5 Eier
175 g Mehl
175 g Zucker
1 EL Kakao
1 TL Backpulver

1/2 l Milch
100 g Blockschokolade
50 g Zucker
1 P. Schokoladenpudding

8 Blatt Gelatine
2 Becher Sahne
1 Dose Birnen

Sahne
Schokostreusel

Biskuit herstellen, in Springform geben, bei 190° C ca. 20 Min. backen, auskühlen lassen, einmal durchschneiden, den unteren Boden mit Marmelade bestreichen, Deckel drauf und mit Rum beträufeln.
Milch, Blockschokolade und Zucker miteinander aufkochen, Schokoladenpudding anrühren, in die aufgekochte Milch einrühren und nochmals kurz aufkochen. Gelatine einweichen und unter den noch heißen Pudding rühren. Sahne schlagen, unter den fast kalten Pudding geben.
Biskuit mit Birnen belegen, Tortenring umlegen und Schokomasse einfüllen. Mit Sahne und Schokostreusel verzieren.

Von Karla Sauter, Legau/Engelharz

Schoko-Mandarinen-Kiwi-Torte

Zutaten:
für den Teig:
165 g Butter
235 g Zucker
4 Eier
200 g Mehl
40 g Stärkemehl
1 1/2 TL Backin
1 Töpfchen Schokoglasur

für die Füllung:
1 kl. Dose Mandarinen
2 Kiwi
1 P. Vanillepudding
1/4 l Milch
65 g Zucker

4 Becher Sahne

Rührteig herstellen, den Teig vierteln und 4 Böden ca. 10 Minuten bei 200 Grad backen. Die Böden mit Schokoglasur überziehen.
Vanillepudding mit Milch verrühren, Zucker dazugeben und einen Pudding kochen. Den Mandarinensaft einrühren, erkalten lassen.
3 Becher Sahne steif schlagen, kalten Pudding einrühren. Die Masse in drei Teile teilen. Schichtweise mit den abgetropften Mandarinen und Kiwischeiben auf 3 Böden geben, den vierten Boden auflegen. 1 Becher Sahne steif schlagen, Rand damit einstreichen und Verzierung aufspritzen, mit Mandarinen und Kiwis garnieren.

Von Sophie Gruber, Martinszell/Greifenberg

Schoko-Mousse-Torte mit Beeren

Zutaten:
1 dunkler Biskuit von
4 Eier

1/2 l Sahne
2 Tafeln Bitterschokolade
1 Tafel Vollmilchschokolade
ca. 300 g gemischte Beeren
2 P. Tortenguß
Mandelplättchen zum Verzieren

Sahne mit der Schokolade kurz aufkochen – über Nacht in den Kühlschrank stellen.
Am nächsten Tag zu einer dicken Creme aufschlagen.
Den Tortenboden teilen, die Creme dazwischen geben.
Beeren auf der Torte verteilen, Tortenguß aus zwei Päckchen darübergeben, mit Mandelplättchen verzieren.

Von Franziska Gäßler, Kempten

Schokoladen-Schicht-Kuchen

Zutaten:
250 g Butter
200 g Zucker
6 Eier
150 g Halbbitter-Kuvertüre
2-3 EL Rum
150 g Mehl
100 g Speisestärke
2 TL Backpulver

Für die Füllung:
1 G. Himbeersoße
3 Becher Sahne
50 g geraspelte
Schokolade zum Verzieren

Für den Teig Fett, Zucker und Eier in eine Schüssel geben und sehr cremig rühren. Kuvertüre im Wasserbad schmelzen und dem Teig zufügen. Rum unterrühren. Mehl und Speisestärke mischen und Backpulver dazugeben. Das gemischte Mehl zugeben und zu einem glatten Teig verarbeiten. Auf einem gefetteten Springformboden (26 cm) ca. 7 Böden nacheinander backen.
Backdauer 10 Minuten bei 200° C.
Sahne steif schlagen, Himbeersoße unterziehen, alle Böden mit der Creme bestreichen und aufeinandersetzen.
Die Torte mit Schokoladenraspeln verzieren.

Von Angelika Einsiedler, Bad Grönenbach/Ittelsburg

Schokosahnetorte

Zutaten:
150 g Mehl
1 gestr. EL Kakao
1 gestr. TL Backpulver

5 Eier
1 EL Wasser
1 EL Rum
150 g Zucker
1 geh. EL san-apart

100 g Schokolade
(Zartbitter)
1/8 l warme Milch
1/4 l gekühlte Sahne
4 TL san-apart

Mehl, Kakao und Backpulver sieben und vermischen. Eier, Wasser, Rum, Zucker und 1 EL san-apart sehr schaumig rühren, Mehlgemisch löffelweise mit Kochlöffel unterheben.
Springform mit Backpapier auslegen. Teig in Springform geben. Im vorgeheizten Backrohr 35 Minuten bei 175° C backen.
Für die Füllung: Schokolade in warmer Milch zergehen lassen. Gut abkühlen lassen. Gekühlte Sahne mit san-apart nochmals steif schlagen. Gut kühlen.
Boden teilen, mit Füllung bestreichen und nach Belieben verzieren. Torte gut kühlen!

Von Christa Geschwend, Nesselwang/Rindegg

Schwarz-Weiß-Rolle

Zutaten:
Biskuit aus:
4 Eiweiß
100 g Zucker
120 g Mehl
1/2 TL Backpulver

Füllung:
300 g Sahne,
etwas Zucker,
Obst nach Belieben

Biskuit herstellen, ca. 100 g vom Biskuitteig in einer Schüssel mit 1 EL Kaba mischen, in einen Spritzbeutel mit großer Lochtülle füllen. Den hellen Teig auf einem mit Backpapier ausgelegtem Blech glattstreichen, den dunklen Biskuitteig in Streifen daraufspritzen und mit dem Löffelstiel Linien nach unten ziehen. Bei 220° C ca. 7 Minuten backen, auf ein Küchentuch stürzen und aufrollen.
Mit Sahne und Obst füllen.

Von Cornelia Kolb, Röthenbach

Tiramisutorte mit Sahnelikör

Zutaten:
für Biskuit:
3 Eier
1 P. Vanillezucker
100 g Zucker
150 g Mehl
1 TL Backpulver

für Creme/Verzierung:
3 Eigelb
3 Eiweiß
50 g Puderzucker
1 P. Vanillezucker
1 P. (250 g) Mascarpone (Doppelrahm-Frischkäse mit 70% Fett)
1 Becher Sauerrahm
ca. 150 g Löffelbiskuits
1/8 l starker Kaffee
100 ml Sahnelikör
6 Blatt Gelatine
1 1/2 Becher Sahne
Kakao z. Besieben

Biskuit herstellen, auskühlen lassen. Tortenring anbringen.
Kalten Kaffee mit Likör mischen, die Löffelbiskuits kurz darin tränken und den Tortenboden dicht damit belegen.
Eischnee schlagen. Gelatine einweichen. Eigelb, Puderzucker, Vanillezucker, Mascarpone und Sauerrahm verrühren, die aufgelöste Gelatine einrühren und den Eischnee unterheben.
Die Masse auf die Löffelbiskuits geben und glattstreichen. Einige Stunden im Kühlschrank kalt stellen.
Die Sahne steif schlagen und im Spritzbeutel mit Sterntülle die Torte mit kleinen Sahnetuffs gleichmäßig verzieren.
Zum Schluß leicht mit Kakao besieben.

Hält sich im Kühlschrank einige Tage.

Von Nadja Schwehr, Ottobeuren/Unterhaslach

Tiramisutorte mit Rum

Zutaten:
ein heller Biskuit
von 6 Eiern

1/8 l starken Kaffee

125 g Butter
4 Eigelb
175 g Puderzucker
3 x 200 g Cortina
Saft und Schale einer
Zitrone
2 EL Rum
6 Blatt Gelatine

Biskuit zweimal teilen und die oberen Hälften mit dem Kaffee tränken.
Butter schaumig rühren, Eigelb, Puderzucker, Cortina, Saft und Schale einer Zitrone und Rum verrühren, Gelatine unterrühren.
Einen Boden mit der Hälfte der Masse füllen. Tortenring nicht vergessen. Den nächsten Boden darauflegen und auf diesen die restliche Masse verteilen. Die Torte mit dem übrigen Boden bedecken. Die Torte kann mit Sahne verziert werden.

„Zum 55. Geburtstag meiner Mutter"

Von Sieglinde Heumoos-Geier, Kißlegg/Rempeltshofen

Tiramisutorte mit zweierlei Böden

Zutaten:
Biskuitboden (dunkel)
aus 5 Eiern
150 g Zucker
1 Vanillezucker
175 g Mehl
30 g Kakao
1 TL Backpulver

1 dünner Mürbeteigboden

für die Creme:
500 g Mascarpone
2 Eier
100 g Zucker
3/4-1 l Sahne
6 Blatt Gelatine
1/4 l starken Kaffee
3 EL Weinbrand
160 g Löffelbiskuits

Mürbeteigboden mit Marmelade bestreichen und Biskuitboden darauflegen, in eine Form geben, mit Amaretto und kaltem Kaffee tränken.
Mascarpone mit Eier schaumig rühren, in die aufgelöste Gelatine mit Weinbrand geben, die geschlagene Sahne unterheben. Von der Mascarponecreme eine Schicht auf den Biskuitboden geben, danach Löffelbiskuits in Kaffee tränken und auf die Mascarponecreme legen. Den Rest der Masse drauf verteilen und 3-4 Stunden kalt stellen.
Vor dem Servieren mit Sahne garnieren und Kakaopulver bestreuen.

Von Reinhilde Zaiser, Sonnenmulde/ Oy-Mittelberg

Tolle Röllchentorte

Zutaten:
Biskuitboden:
3 Eigelb
3 Eischnee
2 EL Wasser
150 g Zucker
1 P. Vanillezucker
3 Tr. Rum-Aroma
100 g Mehl
50 g Nüsse
2 EL Kakao
2 TL Backpulver

Füllung:
150 g Butter
75 g Puderzucker
1 P. Vanillezucker
3 Eigelb
1/4 l Eierlikör

Biskuitboden bei 160 °C ca. 30 Minuten backen. Für die Füllung Butter, Puderzucker, Vanillezucker, Eigelb und Eierlikör zusammen verrühren, dann 6 Blatt aufgelöste Gelatine unterrühren und 1/2 l steif geschlagene Sahne unterheben. Den Boden mit Marmelade bestreichen. 2 P. Schokoröllchen am Rand herum aufsetzen (Schoko unten), die Füllungsmasse innen reingeben und mit Schokoraspeln garnieren.

Von Cilli Knapich, Buching und Helga Hummel, Görisried, sowie Isolde Vilgis, Steingaden/Fronreiten

Torte mit Pfiff

Zutaten:
für den Teig:
3 Eier
3 EL Wasser
2 Tr. Rum-Aroma
150 g Zucker
1 Vanillezucker
100 g Mehl
50 g gem. Nüsse
1,5 EL Kakao
2 TL Backpulver
2-3 Päck. Waffelröllchen
mit Schokoglasur

für die Creme:
200 g Butter
75 g Puderzucker
1 Vanillezucker
3 Eidotter
1/4 l Eierlikör
6-8 Blatt Gelatine
3 Becher Sahne

Lockeren Biskuitteig herstellen und bei 200° C 25-30 Minuten in einer Springform backen.
Um den ausgekühlten Boden einen Tortenring legen. Waffelröllchen abwechselnd einmal mit der Schokoladenseite nach unten, einmal nach oben um den Tortenrand aufstellen.
Für die Creme Butter, Zucker und Ei schaumig rühren. Eierlikör dazugeben und aufgelöste Gelatine unterrühren. Geschlagene Sahne unterheben. Creme auf den Boden geben, glattstreichen und kühl stellen. Wenn die Creme festgeworden ist, Ring lösen, Torte nach Geschmack mit Sahne und Eierlikör verzieren.

Von Luzia Pfefferle, Markt Rettenbach/ Mühläcker

Ungarische Schokoladen-Nuß-Torte

Zutaten:
8 Eigelb
250 g Zucker
2 P. Vanillezucker
8 Eiweiß
1 Pr. Salz
250 g gem. Haselnüsse
2 EL Semmelbrösel
100 g gerieb. Schokolade
Butter zum Einfetten
Mehl zum Bestäuben
1/2 l Sahne
1 EL Puderzucker
150 g Zartb.-Kuvertüre
12 abgezogene Haselnüsse

Die Eigelbe mit etwa 1/2 des Zuckers und dem Vanillezucker schlagen. Eiweiß mit Salz schnittfest schlagen und nach und nach den restl. Zucker einstreuen. Auf die Eigelbcreme gleiten lassen, gemahlene Haselnüsse mit Semmelbröseln und der Schokolade darüberstreuen und alles locker unterheben. 1/3 der Teigmasse auf der mittleren Schiene des auf 180° C (Gas Stufe 2) vorgeheizten Ofens ca. 15 Minuten backen, auskühlen lassen. Aus dem restlichen Teig zwei weitere Böden backen.
Sahne steif schlagen und mit Puderzucker süßen. Die Tortenböden mit Sahne bedecken, zur Torte zusammensetzen und rundherum mit der restlichen Sahne bestreichen. Kuvertüre schmelzen, wieder etwas abkühlen lassen. Wenn sie leicht fest wird, Kuvertüre auf der Tortenoberfläche glatt verstreichen. Dabei sollte sie am Rand in langen Zapfen heruntertropfen. Mit Haselnüssen verzieren.
Übrigens: Mit einer verringerten Teigmasse, z.B. auf 5Eier umgerechnet, wird die Torte zwar niedriger, ist aber genauso gut!

Von Maria Kögel,
Spitalhof, Weitnau-Wengen

Vitamintorte

Zutaten:
3 Eier
60 g Zucker
100 g Mehl
1 TL Backpulver
1 Dose Pfirsich
3/4 l Multivitaminsaft
2 P. Vanillepuddingpulver
2 Becher Schlagsahne

Biskuit herstellen und im vorgeheizten Backofen bei 175° C ca. 12-15 Minuten backen.
In der Form erkalten lassen.
Vitaminsaft erhitzen und Puddingpulver einrühren. Pfirsiche untermischen, die Masse auf dem Biskuit verteilen und erkalten lassen.
Sahne steif schlagen und die Torte damit verzieren.

Von Maria Günther, Wiggensbach/Hitzlo

Walnußtorte

Zutaten:
Teig:
4 Eigelb
125 g Butter oder
Margarine
220 g Zucker
1/4 l Milch
300 g Mehl
1 P. Backpulver
50 g Kakao
100 g Walnüsse gemahlen
4 Eiweiß

Füllung:
1/2 P. Vanillepuddingpulver
1/4 l Milch
50 g Zucker
150 g gem. Walnüsse
125 g Butter
1 Becher Sahne

Eigelb, Butter oder Margarine und Zucker cremig schlagen, Milch zugießen. Mehl mit Backpulver und Kakao mischen und unterrühren. Eiweiß steif schlagen, gem. Mandeln unterheben
Backen: E-Herd 175° C 60-70 Minuten
Pudding mit Walnüssen kochen, abkühlen lassen. Butter schaumig rühren, Walnußpudding unterrühren. Sahne steif schlagen und unterheben.
Ausgekühlten Boden 2x durchschneiden, mit Creme füllen. Torte mit Schokoguß überziehen und mit Walnußhälften und Schokodekor garnieren.

„Gelingt immer!"

Von Rita Freisinger, Kirchheim

Whiskey-Sahne-Torte

Zutaten:
125 g Zartbitter-Schokolade
125 g Butter
100 g Zucker
2 Eier
125 g Mehl
25 g Speisestärke
1/2 P. Backpulver

3 Blatt Gelatine
50 g Zucker
125 g Cream Likör
150 g Crème Fraîche
400 g Sahne

Zartbitter-Schokolade schmelzen. Mit Butter, Zucker, Eier, Mehl, Speisestärke und Backpulver Rührteig herstellen, aufgelöste Schokolade unterrühren. In gefettete Springform 150° C ca. 30 Minuten backen, auskühlen.
3 Blatt Gelatine einweichen, übrige Zutaten verrühren, Gelatine auflösen und zur Masse geben.
Sobald Creme zu stocken beginnt, steif geschlagene Sahne unterheben und auf den Boden streichen, kühl stellen.
Mit Sahne Torte verzieren.

Von Susi Leising,
Dietmannsried-Sandbühl

Zitronen-Joghurtsahnetorte

Zutaten:
ein Biskuitboden von
6 Eiern

Füllung:
Saft von 2-3 Zitronen
1/8 l Weißwein oder
Orangensaft
1/2 l Joghurt
6-8 Blatt Gelatine
1/2 l Sahne

Einen Biskuitboden aus sechs Eiern backen (Durchmesser 28 cm).
Dann aus den Zutaten für die Füllung eine rohe Creme herstellen, Biskuitboden zwei- bis dreimal teilen, die zu steifen beginnende Creme mit Hilfe des Tortenringes in den Biskuit schichtweise füllen. Kalt stellen.
Nach 2-3 Stunden Ring abnehmen, 3/8 bis 1/2 l Sahne schlagen, Torte außen bestreichen, etwas zum Spritzen wegnehmen, mit Zitronenspalten, gerösteten Mandelplättchen und Zitronenmelisse verzieren.

Von Luise Netzer,
Urlau-Bergerhof

Zuppa Romana

Zutaten:
Biskuit von 6 Eiern

Füllung 1:
1/2 l Milch
1 Vanillepudding
2 Blatt Gelatine

Füllung 2:
1/2 l Milch
1 Schokoladenpudding
2 Blatt Gelatine
1/2 l Sahne

Zum Tränken:
100 ccm Rum
100 ccm Amaretto
75 ccm Campari
150 ccm Fruchtsaft

1 kleine Dose Birnen
1 kleine Dose Aprikosen

Biskuit backen, zweimal teilen.
Vanille- und Schokopudding kochen, jeweils Gelatine zugeben, erkaltet in jeden die Hälfte der geschlagenen Sahne zugeben.
Böden mit Alkohol-Fruchtsaft-Mischung tränken.
Auf den ersten Boden kommen Schokocreme und Birnen. Auf den zweiten Boden kommen Vanillecreme und Aprikosen. Und auf den dritten Boden kommt ein Becher geschlagene Sahne. – Mit Löffel drücken, Kakao darüberstreuen.

Von Margit Angerhofer,
Bernbeuren-Oberreimenau

Raum für eigene Notizen: